本书是国家语委"十三五"科研规划2018年度-
"智能语音输出系统在智障学生就业转衔中的应用研究"（项目批准号：
YB-135-88）的阶段性成果之一。

智能语音输出系统在智障学生
就业转衔中的应用

徐添喜　著

重庆大学出版社

领域的本土化研究与实践。

本书旨在为教师、家长、学校管理者、研究人员及相关专业人员等提供参考,以期推动学界与实践领域更关注 SGD 的研究与应用。基于此,本书分为三篇,由六章构成。第一、二章为理论篇,旨在阐明就业转衔服务、语言干预与智力障碍学生就业转衔等基本概念。第三章至第五章为实践篇,致力于介绍 SGD 在智障学生就业转衔中的实施机制、应用情况,同时结合实践案例呈现 SGD 对智障学生语言沟通能力及就业技能干预的效果。第六章为前瞻篇,在理论层面总结了 SGD 理论研究的动态,就未来研究方向与本土化实践路径进行了展望。

本书综合了深圳市南山区龙苑学校徐九平老师、佛山市三水区启智学校秦颖老师以及华中师范大学特殊教育专业硕士生邹陈铭鑫三人围绕本项目开展的研究内容。华中师范大学特殊教育专业的硕士生张春宇、董萍、邓灵奇和曹溶萍等人在相关资料的收集、整理与分析等方面付出了辛勤汗水与智慧,在此向他们表示感谢。

本书的出版得益于主管部门、专家学者、一线教师与学生家长的大力支持。衷心感谢国家语委科研规划领导小组办公室对本课题顺利开展提供的指导与协助;感谢我的工作单位——华中师范大学教育学院为本书出版提供的经费资助;感谢深圳元平特殊教育学校、杭州杨绫子学校等单位在本课题调研中提供的便利;感谢所有参与本课题研究的学生、家长及教师;感谢重庆大学出版社陈曦女士为本书顺利出版所做的工作。

本书在撰写过程中参考了大量的国内外文献资料,就这些文献资料我们进行了反复的讨论和审校,尽量保证术语的准确无误。虽尽可能明确每处来源,但难免挂一漏万,在此对未列入引用或注释的作者表示诚挚的感谢。此外,由于时间仓促,虽数易其稿,但难免有疏漏及欠妥之处,敬请读者不吝赐教。

徐添喜

2021 年 5 月 25 日于武汉桂子山

目　录

理论篇

第一章

就业转衔服务

就业对于帮助残障人士实现经济独立或半独立,提升生活质量,有价值地参与和融入社会生活有着非常重要的意义[①]。联合国《残疾人权利公约》及我国的《残疾人保障法》和《残疾人就业条例》等相关法律法规认同、支持并保护残障人士平等就业的权利,规定相关机构和部门应当为残障人士实现就业提供必要的帮助与服务。然而,世界卫生组织与世界银行于2011年共同发布的《世界残障报告》[②],以及我国研究人员的调查数据均表明残障人士的就业率远低于非残障人士[③]。虽然近几年我国残障学生义务教育的普及水平有显著提高,非义务教育阶段特殊教育办学规模也不断扩大,但从总体上看,我国特殊教育和残障人士服务的整体水平尚不高且发展不平衡。就特殊教育与残障服务的内容而言,残障学生完成中学后的转衔教育与服务相对较为欠缺,这在一定程度影响了残障学生的就业水平。本章将从就业转衔服务的概述和模式引入,提出就业转衔服务的有效举措,结合国内外就业转衔服务的相关经验,讨论残障人士,尤其是智力障碍人士的就业形势与困境,并对智力障碍人士就业转衔服务进行了展望。

① Foreman P. Education of students with an intellectual disability: Research and practice [M]. Charlotte, NC: Information Age Publishing Inc, 2009: 201-221.
② World Health Organisation. World Health Report [R]. Geneva: World Health Organisation, 2011.
③ 赖德胜,李长安,孟大虎,等. 2013中国劳动力市场发展报告:全面建成小康社会进程中的残疾人就业[M]. 北京:北京师范大学出版社,2013.

第一节　就业转衔服务概述

"就业转衔（Employment Transition）"也称"从学校到就业的转衔（School to Work Transition）"，是指青少年逐渐从学校生活过渡到独立或半独立的成年生活，并且完成从学生到社会劳动者身份转变的动态发展过程①。有效的就业转衔服务能够帮助学生顺利实现从学校到就业的转衔，本节将围绕就业转衔服务的基本概况进行简要阐述。

一、概念演变

（一）转衔

转衔（transition）一词与生涯发展和生涯教育的概念密切相关，指的是从人生的一个阶段到下一个阶段的过渡，在每一个过渡的阶段，个体都会面临着角色、任务、生活形态和生活方式等多方面的改变，往往会产生不适应和各种困难，需要准备和支持。20世纪80年代初，Madeline Will 首次将转衔定义为：一段涵盖中学、毕业、学校之后的教育服务，是衔接学校生活和成人生活的桥梁。美国特殊儿童协会（Council for Exceptional Children）生涯发展与转衔分会（Division on Career Development and Transition）采用的转衔概念由残障人士转衔研究领域的知名学者 Andrew Halpern 提出，他认为转衔是指学生的主要身份由学生转变成社会里的成人，这些成人角色的任务主要包括就业、接受高等教育、经营家庭、正常参与社会生活以及经营良好的人际关系与社会关系等②。

简言之，转衔的内涵在于转变和衔接，一方面是残障学生身份的转变（由学生转变成其他身份），另一方面是指身份转变后的衔接过程。由此

---

① Wehman P. Transition：The bridge from youth to adulthood [M]. Baltimore, MD：Brookes Publishing, 2006：3-40.

② Halpern A S. The transition of youth with disabilities to adult life：A position statement of the Division on Career Development and Transition, The Council for Exceptional Children [J]. Career Development for Exceptional Individuals, 1994, 17(2)：115-124.

可见,转衔并不是一个单独的事件,而是一个动态的过程。

(二) 转衔服务

转衔服务(Transition Services)是指在转衔期间为实现转衔目标而提供的相关服务。美国 1990 年颁布的《残疾人教育法案》(*Individuals with Disability Education Act*)明确规定:所有残障学生有权接受免费恰当的公立教育,这一规定要求特殊教育以及相关的服务能够满足每个学生的发展需求,并且能够帮助他们为接受继续教育、就业及独立生活做好准备。

在转衔过程中所提供的支持与服务是以积极的转衔结果为导向的,转衔服务所需的各项活动应当是相辅相成、密切联系的;转衔服务的提供主体之间也需要彼此配合与协作。

(三) 就业转衔服务

美国联邦政府在 1994 年制定并颁布《面向就业的教育机会法》(*School to Work Opportunity Act*),1997 年和 2004 年修订的《残疾人教育法案》将就业转衔服务纳入法案中,并规定就业转衔服务是指为残障学生提供的相辅相成的系列活动,这些活动主要包括:(1)以结果为导向,注重培养残障学生的学业能力和非学业能力(如日常生活能力等),进而帮助学生更有效地从学校生活过渡到离校后的生活,如接受高等教育、职业教育、融合就业(包括支持性就业等)、继续教育和成人教育、成人服务,独立生活和参与社区生活等;(2)基于学生的个别化需求,充分考虑每个学生的优势、兴趣和喜好等;(3)为学生传授知识技能,提供相关服务,帮助其参与社区生活,确立就业目标以及其他离校后的成人生活目标等,同时,在可能的情况下,帮助残障学生获取日常生活技能,并为他们提供功能性职业评定等服务①。Neubert 提出就业转衔服务内容包括职业训练、父母参与、跨机构合作、社交技巧训练、有酬工作经验、持续就业服务、融合情境、社区为主的教学、职业评量、社区相关课程、生涯教育课程和经

---

① Kochhar-Bryant C A, Greene G. Pathways to successful transition for youth with disabilities: A developmental process[M]. Upper Saddle River, New Jersey: Pearson Education, 2009: 1-27.

验、特定职务技能训练与学业技巧训练等①。

　　英国是世界上第一个提出按比例安排残疾人就业政策的国家。1944年，为解决残疾人就业问题，英国出台了首个《残疾人就业法案》，规定雇用 20 名员工以上的雇主必须至少雇用 3% 的残疾人。1948 年英国政府在综合性的《就业及职业训练法》中规定：国家及地方政府应承担对残疾人进行康复和职业训练的责任，并对有生活需求的残疾人给予经济上的帮助。2005 年修订的《反残疾歧视新法案》则要求公共机构为残疾人建立平等就业的平台②。

　　1986 年，澳大利亚联邦政府通过《残疾服务法案》（*Disability Services Act*，简称 DSA），通过完善残疾人的就业选择权，来替代对保护性工场和治疗中心提供的与开放劳动力市场相分离的服务。1992 年，澳大利亚联邦政府颁布《残疾人歧视法》（*Disability Discrimination Act*，简称 DDA），对澳大利亚残障人士的就业权也有一些基本的要求，致力于保障他们的基本权益。

　　20 世纪 80 年代，爱尔兰开展了第一个支持性就业项目——"开放之路"示范项目，帮助那些中度或重度智力障碍人士获取正式工作。2000年，爱尔兰政府引入了国家支持性就业模式，调整了为残障人士提供的培训和就业服务，目的是为残障人士进入公开的劳动力市场提供就业转衔服务，对相关部门的职责也作了调整，以期更好地彼此协调，共同服务残障人士③。

　　我国 2017 年修订的《残疾人就业条例》明确指出各地残疾人联合会应为残疾人提供职业适应评估、职业康复训练、求职定向指导等服务。残疾人就业转衔服务的内容除了教学等相关活动、社区经验、就业发展、其他离校后成人生活所应具备的相关活动，还应包括日常生活技能与适应

---

① Neburt D A, Sitlington, Clark G M. Transition education and services for students with disabilities (5th ed.) [M]. Boston：Pearson Allyn and Bacon，2006.

② 许洁明，刘苏荣. 英的残疾人就业政策及对我国残疾人事业的启示[J]. 思想战线，2012，38(01)：129-130.

③ 宋颂. 国际残疾人支持性就业比较研究[J]. 残疾人研究，2015(01)：66-69.

性功能的评估等①。此外,为了促进残疾人的就业与独立生活,就业转衔服务必须基于学生的个别化要求,考虑学生的优势、喜好和兴趣。我国台湾地区学者将就业转衔服务分为以学生为中心的计划、学生的发展(课程方面)、家长参与、跨机构的合作、转衔服务的评价与资源配置五个维度②。服务内容包括职场实习、职业评估、实践教学、家长参与四大工作领域③,也有学者提出将转衔服务计划、转衔评估、就业转衔相关能力教学与辅导、现场实习课程、离校后就业辅导、学生与家长参与及专业互动合作等项目纳入就业转衔服务的范畴④。

二、就业转衔服务的有效举措

残障人士就业转衔是一个复杂的、动态发展的过程,受多种因素的影响。在就业转衔过程中,残障人士面临着不同层面的多种障碍,这些障碍存在于个人、社会结构和环境等方面。因此,分析残障人士就业转衔要素需要考虑个人、教育、工作环境,以及更广泛的社会经济和政治环境,如劳动力市场等。通过查阅近年来国内外相关文献,分析整理出残障人士就业转衔服务的五大有效举措,包括以学生为中心制订计划、学生技能培养、家庭参与、机构间协作、转衔计划的结构与特性。

(一)以学生为中心制订计划

以学生为中心制订转衔计划的举措主要指基于不同学生的能力、目标、兴趣和爱好为其制订增强自我决策能力的转衔计划,即个别化职业转衔支持计划(Individual Vocation Transition Supportive Plans, IVTSP)或个别化转衔计划(Individualized Transition Plan, ITP),并强调学生参与。

IVTSP 和 ITP 是记录了学生过去、现在的水平和对未来的工作期望

①　沈立. 智障学生个别化职业转衔服务模式[M]. 上海:上海交通大学出版社,2013:10-12.

②　刘玉婷. 高职特殊学校(班)智能障碍学生之转衔服务之现状调查及其相关因素之探讨[D]. 高雄师范大学,2000.

③　林幸台. 高职特教班教师参与转衔服务工作及其对专业合作态度之研究[J]. 特殊教育研究学刊,2004,26:1-17.

④　尤淑君. 高职特教班教师及就业服务人员在就业转衔服务中专业角色之探讨[D]. 台湾师范大学,2008.

的文件,内容包括药物史、家庭情况、空闲活动、文化背景以及所受教育与训练的信息等。具体而言,包括以下几点:第一,对学生的兴趣、爱好、能力等情况进行评估;第二,确定就业转衔目标(比如具体要从事什么工作,想要获得什么技能等);第三,根据评估和目标确定需要提供的转衔服务以及相关服务提供者,组建转衔团队;最后,共同分工合作实施就业转衔服务,并在实施过程中根据学生实际情况进行及时调整①。IVTSP 和 ITP 均以目标为导向,旨在实现以下目标:(1)增加学生获得可维持的工作的机会;(2)获得符合学生兴趣、需要、能力的职业、工作环境;(3)增强学生的自主性、动力、自我认知和自信;(4)学生与雇主双赢。

值得注意的是,就业转衔事关残障学生未来的发展,残障学生应尽可能成为自己生活的掌控者。参加转衔计划制订有助于发展残障学生的自我决策能力,在可能的情况下,我们应当为残障学生提供充分的机会,在培养他们能力的基础上积极邀请残障学生参与就业转衔计划的制订与实施。

学生技能培养

评估是学生技能培养与能力发展的前提,在对评估数据基础之上,通过学校活动和工作体验等相关内容培养残生活所需的日常生活技能与职业技能是就业转衔服务的基。残障人士的职业技能水平高低是决定他们在工作环境中成败的重要因素②,职业技能不足是阻碍残障人士就业的主要原因之一。对残障人士来说,培训应包括技能、知识和态度等方面。通过职业技能培训,残障学生将学习如何为就业做准备、寻找工作、申请工作并胜任工作。美国残障学生职业教育专家 Donn Brolin 认为,残障人士的职业技能主要包含七项能力,分别为:(1)沟通,(2)发掘工作机会,(3)选择并规划职业生活,(4)表现适当的工作习惯和行为,(5)求职与面试,(6)表现充分的工作操作技能,以及(7)获得特定的工作技能。与 Brolin 根据能力要素对职

---

① 冯帮,陈影. 美国特殊教育就业转衔服务解读及启示[J]. 中国特殊教育,2015(08):9-16.

② Mutanga O. Students with disabilities and the transition to work:A capabilities approach[M]. London:Routledge,2019:139.

业技能进行划分的方法不同,Polloway 等人从行为表现方面对职业技能的构成进行了探讨,并指出:残障学生的职业技能主要体现在社会行为(Social Behaviors)、沟通行为(Communication Behaviors)、工作相关行为(Work-related Behaviors)以及独立自主行为(Independent Behaviors)四个方面,其中工作相关行为指学生履行个人工作职责、尽可能高质量地完成工作以及遵守工作时间规定等[①]。

(三)家庭参与

家庭参与主要与父母及家人积极参与残障学生的转衔服务相关。Lindstrom 等人通过研究发现家庭的社会经济地位影响学生的职业选择和职业身份认同的发展,并提出"家庭支持和经验对残障学生从学校到成人生活和长期就业的顺利转衔有重要影响"[②]。因此,家长也应当积极参加就业转衔过程,他们是支持残障人士就业转衔的重要成员,他们应向专业团队提供学生的有关信息,包括兴趣、能力、优劣势和就业目标等,还应积极参加转衔计划制订的会议,并协助团队制订学生的转衔计划,尤其是要帮助团队确定转衔目标,辅助团队在日常生活中开展相关培训[③]。同时,作为残障人士社交网络的一部分,家长也是学生求职的关键部分。不少研究人员指出,家庭在残障人士就业转衔过程中的重要作用,包括建立人机网络、开发岗位,帮助就业辅导员、机构或企业了解学生[④]。

(四)机构间协作

机构间协作的转衔举措主要与建立完整的服务体系,为残障人士提供终身学习和支持相关。从学校到成人生活的就业转衔服务,除了机构的参与外,还需要教育、人力资源与社会保障、卫生与健康等主管部门以

① Leblanc L A. Social skills in adults with severe disabilities[D]. Baton Rouge:Louisiana State University,1996.

② Lindstrom L, Doren B, Miesch J. Waging a living:Career development and long-term employment outcomes for young adults with disabilities[J]. Exceptional Children,2011,77(4):423-434.

③ Levinson E,Palmer E J. Preparing students with disabilities for school-to-work transition and postschool life[J]. Psychology,2005.

④ Hoff D,Gandolfo C,Gold M,et al. Demystifying job development:Field-based approaches to job development for people with disabilities[M]. St. Augustine,FL:Training Resource Network,2000.

及残联等的积极参与和支持。这些部门为残障学生在中学毕业时所需要的转衔服务提供具体的人力物力财力支持。具体而言,这些部门可以为残障学生的社区生活、教育、职业培训、就业和交通提供个性化支持。例如,教育部门可以为残障学生提供职业培训机会,人社部门和残联可帮助残障学生及其家庭与机构或企业取得联系,推荐残障学生参加残疾工作面试等。不同部门、组织之间也应当建立联系,协作拓展就业机会并丰富完善现有的就业转衔支持体系。除了要结合教育、人社、卫健和残联等部门外,专业人员还应组建专业团队,有效整合社会资源,尤其是用人单位的资源。有研究人员通过对 3289 名残障学生的调查研究发现,工作经验是促进残障学生顺利就业最重要的因素。就业转衔服务应当注重为残障学生获取并丰富工作经验,特别是带薪工作的机会①。

鉴于此,用人单位为就业转衔阶段残障人士提供的实习、见习和就业机会,对于学生工作经验的获取至关重要。企业除了向残障人士开放实习、见习和工作岗位,创建融合的企业文化外,还应具备招聘和维持残障人士就业的资源,以便支持和维持残障人士就业。

(五)转衔计划的结构与特性

转衔计划的结构与特性主要是关于有效地提供转衔相关的教育和服务的途径,其举措主要包括计划的政策、计划的评估和人力资源开发等。完备的政策法规是就业转衔服务顺利实施的重要保障,国家要在法律、政策等方面给予更明确的规定,才能为残障学生就业转衔服务提供保障和支持。就业转衔相关政策能够明确残障人士的就业的权利、获得支持的权利,相关部门以及学校和机构参与就业转衔支持服务的责任。美国《残疾人教育法案》于 2014 年的修订案要求为所有年满 14 周岁的残疾学生制订个人转衔计划,并将它作为个别化教育计划(Individualized Education Program,IEP)中的重要部分,转衔计划的制订大体上遵循个别化教育计划的基本原则和程序,即就业转衔评估、确定具体的职业目标、确定就业

---

① Dong S,Fabian E,Luecking R G. Impacts of school structural factors and student factors on employment outcomes for youth with disabilities in transition:A secondary data analysis[J]. Rehabilitation Counseling Bulletin,2016,59(4):224-234.

转衔服务、实施就业转衔服务等。20 世纪 90 年代后,我国相继颁布了《残疾人保障法》和《残疾人就业条例》,在残障人士就业方面提供了法律保障。教育部等部门发布的《关于进一步加快特殊教育事业发展的意见》也指出,应大力加强职业教育,促进残疾人就业,鼓励和扶持各类特殊教育学校(院)、职业学校及职业培训机构开展各种形式的残疾人职业培训,加快发展以职业教育为主的残障学生高中阶段教育,为残疾学生就业创业和继续深造创造条件。

转衔计划的制订应以评估为基础,充分考虑残障学生的学业能力、社交能力、职业技能、自我决策能力以及他们的个人偏好,进而为残障学生确定恰当的转衔目标,选择合理的支持与服务。转衔评估是了解个体当前以及日后与就业、教育、生活、个人和社会环境有关的个别化需求、兴趣和爱好的持续过程。全面评估当前功能、残障人士的能力和职业兴趣,从而可以帮助他们制订合适的职业目标,进行人岗匹配,并开展有针对性的培训与干预。一个全面的、跨学科的评估能够指导个别化职业转衔支持计划的成功制订。职业评估是一个运用标准化或非标准化工具,对残障人士职业潜能与职业性向做出系统评估的过程。评估过程应包括教师、行为分析师、各职业康复和社会服务机构的代表,他们使用科学的评估量表共同确定残障人士的转衔需求并规划适当的服务。家长、用人单位和学生也应尽可能参与职业评估。职业评估的目标是促进教育和职业规划,使学生能够成功地适应工作、继续教育和社区生活等。一份全面的职业评估应当主要包括学业能力、日常生活能力、社交能力、职业能力、职业兴趣与态度等。职业评估专业人员所提供的专业服务包括评量,观察记录评估对象的兴趣、价值观、性格特点、气质、工作相关行为、性向、学习风格和职业训练需求等,评估人员需要充分考虑评估对象的个体差异、潜在环境特征以及个体与环境所发生的互动等。

转衔计划需注重人力资源的开发,促进团队合作。学校与相关职业康复机构应当基于转衔评估的结果,鼓励各利益相关主体,如残障学生、残障学生家长、特殊教育教师、职业教育教师、用人单位,以及政府相关部门共同参与,制订个别化的转衔计划,并依据此计划为残障学生提供合理的多层次支持与服务。残障人士就业转衔的顺利进行有赖于各方的合作与协调,完整的就业转衔支持体系应当整合学生、家长,学校、相关机构,教育、劳动、社会福利、康复等部门以及企业,在彼此的充分沟通下,确定各自的角色定位,并建立行之有效的就业转衔支持体系。就学校资源而言,要配备数量充足的各类教师。学校教师、各机构的专业人员都要参与到评估、转衔计划的制订和执行过程中。心理学领域的专家应该对残障人士进行心理教育评估,收集与认知、学业表现和人际交往能力相关的信息,如行为分析师观察分析残障人士的问题行为,解释评估结果,并向团队提出教育与干预建议。就业辅导员也是专业团队中的重要人物,是为残障学生寻找职业和进入职场提供支持的专业人员,是支持性就业项目实施的关键要素,其队伍规模的大小和工作能力的高低对残障学生能否顺利实现并保持就业有直接影响①。

第二节　就业转衔服务模式

20世纪以来,越来越多的研究人员、教育工作者、服务机构人员以及政策制定者开始关注就业转衔服务。他们逐渐意识到残障青年实现就业和独立生活的水平有限,而他们在中学后继续接受教育并参与社会生活的机会也较为有限。因此,人们开始重新反思残障人士的教育体系及成人服务体系。本节将简要介绍国内外几个有代表性的就业转衔服务模式。

一、国外就业转衔服务模式

自20世纪80年代起,国外研究人员先后提出了一系列致力于优化残障学生教育及转衔结果的理论模式。下文回顾了四类由国外研究人员

---

① 徐九平,徐添喜. 残疾人就业辅导员的核心工作能力研究[J]. 残疾人研究,2019(01):58-64.

订正式的、书面的个别化转衔计划；为学生提供多种就业机会①。

Wehman 提出的"三阶段职业转衔"模式具体细致地描绘了转衔服务的相关过程，以及这些过程所包括的一系列步骤。Wehman 的转衔模式对于中学课程的设置、学生及家长的参与以及机构之间的协作提出了明确要求，同时强调了个别化教育计划、个别化转衔计划的重要作用，也列举出了残障学生可能的就业结果包括哪些方面，这为特殊教育教师，以及残障人士服务工作者开展转衔教育与服务提供了宝贵的参照体系。

（四）"分类学"转衔模式

随着上述三类早期转衔模式的逐渐出现，研究人员、转衔服务工作人员等开始致力于帮助残障学生实现就业、提升生活品质以及促进政策改革等，以期帮助他们实现相应的转衔目标。基于这些转衔模式，不少残障人士服务机构进行了大量的实践探索。在对转衔服务有效举措的相关文献以及各地实践经验进行分析总结的基础上，Paul Kohler 于 1993 发现职业训练、家长参与、社会交往技能的培养以及有偿工作经历等因素对残障学生成功地从学校转衔到就业有重要作用②。随后，Kohler 及其研究团队分析了有效的转衔举措与就业结果之间的关联，进而甄选出了有助于残障人士实现就业的有效措施，并将有效措施进行分类整理，提出了"分类学"转衔模式③（图 1-1）。Kohler 提出的转衔模式为残障学生中学后的转衔支持和服务提供了应用框架，对于帮助残障学生实现中学后的目标十分重要④。

Kohler 的"分类学"转衔模式将转衔服务相关的 133 条有效服务措施分为 5 个类别，细致地罗列出了转衔服务的具体实施方法。"分类学"模式所包括的 133 条具体实践举措主要涵盖了个别化转衔计划的制订、职

① Wehman P, Kregel J, Barcus M. From school to work: A vocational transition model for handicapped students[J]. Exceptional Children, 1985, 52: 25-37.

② Kohler P D. Best practices in transition: Substantiated or implied? [J]. Career Development for Exceptional Individuals, 1993, 59: 486-498.

③ Kohler P D. Taxonomy for transition programming: Linking research and practice [M]. Computer Science, 1996.

④ Test D W. Evidence-based instructional strategies for transition[M]. Baltimore, MD: Paul H, Brookes, 2012.

业技能以及生活技能的培养、工作经验或工作实习的经历、不同利益相关主体之间的协作、残障学生和学生家长参与转衔计划的,以及相应的政策扶持与保障等方面。

以学生为中心制订转衔计划
● 制订个别化教育计划
● 学生参与转衔计划的制订
● 转衔计划的策略选择

家长参与
● 家长培训
● 家长参与
● 家长赋权

学生技能的培养
● 生活技能的培养
● 就业技能的培养
● 职业教育课程
● 结构化的就业实践(体验)
● 技能的评定
● 支持性服务

转衔计划的结构
● 转衔计划的理念
● 转衔计划的政策
● 转衔计划的策略
● 转衔计划的评估
● 转衔资源的分配
● 人力资源的开发

机构间的协作
● 协作的框架
● 协作化的转衔服务

图 1-1　"分类学"转衔模式

二、我国就业转衔服务模式

近年来,我国高度重视智力障碍学生的就业转衔服务,强调多主体合作和企业参与,在《第二期特殊教育提升计划》中明确指出:要加强残疾人职业技能培训和就业指导,做好残疾人教育与就业衔接工作。各地政府部门和残联在《残疾人就业条例》等政策法规的指引下,积极组织、实施并监督残疾人就业工作,多地特殊教育学校及民间就业服务机构也积极探索和发展智力障碍人士就业转衔的有效支持途径,并探索和总结了一些相关的转衔模式和经验,如北京宣武区培智中心学校、深圳元平特殊教育学校、杭州杨绫子学校和北京融爱融乐机构等。以下选择我国智障学生职业教育实践中三种具有代表性的实践模式做简要介绍。

（一）"宽基础、活模块、多层次、多能力"模式

"宽基础、活模块、多层次、多能力"模式是北京市宣武区培智中心学校职教部在多年的实践中形成的。"宽基础"指加宽基础课和专业课学习，保证残障学生具有就业基本技能，包括生活能够自理、能够安全出行、能够与人正常沟通以及具有基本的职业道德。"活模块"强调根据残障人士个体生理条件和发展需要，设置灵活的课程组合以及多层次的课程要求。"多层次"注重职业教育要适应残障人士个体差异，坚持个性发展、共性生长、突出层次性。"多能力"则是对残障人士个体潜能的挖掘，试图通过有效的职业培训帮助残疾个体获得多种能力，以适应当前就业市场的需要。"宽基础"与"活模块"主要体现在专业和课程的设置与结构安排上，是该转衔模式的内容和载体；"多层次"立足于残障学生的多元智能，关注个体间与个体内的共性与差异，体现个别化的教育思想，反映出该转衔模式的形式和方法；"多能力"侧重该转衔模式的目的与结果，体现以人为本的教育理念，强调"不应忽视人的任何一种潜力"。

"宽基础、活模块、多层次、多能力"就业转衔模式以残障人士的多种潜能和各方面现状为出发点，以"宽"基础和"活"模块为内容载体，通过多种层次、多种形式、多种方法，培养残障人士的多种能力，开发残障人士的多种潜能，进而培养生存与发展的综合能力，实现个性化的职业教育和"多层次"的培养目标。

（二）"个别化职业转衔服务"模式

上海市长宁区初等职业技术学校将职业教育与就业转衔相结合，提出"个别化职业转衔服务"模式。该模式由"职业转衔准备期""职业转衔关键期"和"职业转衔稳定期"三个阶段构成。在职业转衔准备期阶段，"个别化职业转衔服务"模式主要通过制订个别化职业转衔服务计划、职业教育与培训及家校合作来完成支持目标，提高残障人士的专业技术能力和一般转衔技能；在职业转衔关键期阶段，该模式主要通过定期一对一跟踪支持、家校协同指导、校企合作提供个别化职业转衔服务；残障人士与企业签订正式就业合同，即进入第三阶段——职业转衔稳定期，主要通过提供不定期跟踪指导、专业技能继续学习、未来职业规划指导等为残障

人士提供必要的支持。

"个别化职业转衔服务"模式根据残障人士的特点和需求为个体开展职业生涯发展指导和教学,包括制订个别化职业陶冶教育和就业转衔支持计划,关注职业意识、态度、情感、交往等软技能的发展,按照学生个体就业准备期、关键期与稳定期的不同需求,提供全阶段的支持服务,将教育与康复、转衔与服务功能相结合,促进学生的社会融合与终身发展。同时,该模式注重"校企合作",为残障人士获得就业岗位提供有效保障,学校通过积极与社会企业建立合作关系,帮助学生开拓就业渠道,为其成功就业提供支持。

(三)"立交桥式"模式

深圳市元平特殊教育学校在残障人士就业转衔方面经过多年的实践探索,最终形成了"立交桥式"模式。该模式旨在建立一个"四通八达"的全贯通的职业教育发展立交桥,实现每个方向与其他方向的连通与通达。该模式强调学校、政府(包括残联、教育局、民政部门、劳动部门等)、企业(与不同企业之间建立起多元的联系)、培训机构(与各级各类培训机构之间建立起合作的关系)四个方面的共同协作。"立交桥式"模式将各种教育、康复、训练措施进行有机统整,打造"职业教育、就业培训、就业安置"一体化,以实现基础教育、功能康复与职业教育的无缝衔接。此外,该模式还注重就业安置后的支持服务体系,为残障人士提供就业后的追踪辅导。

"立交桥"式职业教育模式在实际运行过程中,主要表现出了就业化、生态化、功能化、多元化、互动化等特点。"立交桥"式职业教育模式遵循"以就业为导向"的发展理念,以体制做保障、以课程为指导、以教学为阵地、以人员为基础、以评估为保证、以质量为目标开展就业转衔实践。该模式根据"生态发展"的职业教育理念,使残障人士根据个体的潜能情况自然地获得符合自身发展的个人状态最优化发展;通过课程有关的核心职业技能的训练,来构建该项技能的功能化支持体系,同时在教室中模拟职业工作场所的功能分区进行训练;多元化不仅强调模式的灵活变通性,而且强调在就业转衔模式的构成要素上进行多元化的探索,根据实际开设符合智障学生需要的门类众多的职业课程。该模式还强调内部要素之间的双向互动关系,同时关注模式与外部生态环境之间的协调互动关系、各个要素之间的彼此相互作用,以达到职业教育模式内在运行过程的通畅、模式整体与外界环境之间的协调统一,以实现模式在自洽和互洽的机制下的运行。

上述三种就业转衔模式始终坚持从学生就业的角度出发,坚持以生为本的教育理念和个别化教育思想。以市场为导向,将就业转衔培训与市场需求紧密结合,结合地方特色,与各类企事业单位建立良好的合作关系,开展定向培养工作,同时兼顾学生的优势、兴趣爱好,发掘残障人士潜力,促进多元化就业。采取多元评估、多元发展的方法和路径,为学生职业技能的发展提供多元路径,保证了残障人士未来就业的可能性。三种模式均重视学校与各类企业合作,学校以企业标准进行职业技能教学,企业定期提供相关培训服务,在校企合作的培训过程中,既重视了专业知识学习,又增强了实践操作基本技能训练,还提升了残障学生的职业工作素养。

第三节　智力障碍学生就业转衔服务

就业是残障人士实现经济独立或半独立,提升生活质量,有价值地参与和融入社会生活的重要途径[①]。自 20 世纪 70 年代以来,陆续有研究指出"智力障碍人士可以在适当的协助下成功地在非庇护性甚至竞争的环境中工作"[②]。美国智力与发展障碍协会(American Association on Intellectual and Developmental Disabilities, AAIDD)第 12 版《智力障碍定义、分类与支持体系》将智力障碍定义为:智力功能和适应行为两方面明显受限而表现出来的一种障碍,表现在概念性、社会性和实践性技能上,

---

① Foreman P. Education of students with an intellectual disability:Research and practice[M]. Charlotte, NC:Information Age Publishing Inc, 2009:201-221. NC:Information Age Publishing Inc, 2009:201-221.

② 许家成,肖培琳,杨超. 智力障碍者与发展性障碍者支持性就业指南[M].上海:上海交通大学出版社,2013.

智力障碍出现在 22 岁之前①。

一、就业形势与困境

相较于普通人士而言,残障学生,尤其是包括智力障碍在内的发展性障碍学生在就业转衔过程中往往面临更多的挑战。美国的"全国纵向转衔研究"(National Longitudinal Transition Study)显示:所有毕业不到两年的残障学生未就业率达到 46%,且平均收入远低于普通人士;在所有残障人士中,智障学生就业率仅为 28%②,其中一部分智障学生为临时工,从事全职工作的人数仅占其总人数的 7%~23%③。在我国,相较于其他障碍群体而言,智力障碍人士就业现况同样不容乐观,导致智力障碍人士的就业出现困境有诸多原因,其中包括了岗位有限、就业稳定性差、就业不充分、待遇不佳、社会偏见、社交技能有限、职业技能不充分等。

智力障碍学生在认知、动作、情绪、意志行为、人格特征等方面都有一些不同于非残障儿童之处,如感觉迟钝、知觉范围狭窄、注意力易分散、记忆速度慢且遗忘快、语言发展迟缓、动作笨拙、平衡性差、情感不稳定等。研究者通过调查发现国内智力障碍人士的就业呈现出以下特点④:(1)智力障碍人士的就业受工种特点限制,轻体力、与人互动交流少、认知要求低、机械重复动作的工作占比较大,包括服务类的工种(如清洁工)、工厂流水线上装配工等;(2)智力障碍人士就业渠道狭窄,多数私营企业对"残疾人保障就业"非常支持,但由于劳动法新增"职工上下班途中安全责任归企业"等条款,使得企业对于智力障碍人士"下班安全责任"有顾虑,酒店服务行业为保证酒店形象和避免引起顾客不

① Schalock R L, Luckasson R, Tassé M J . Intellectual disability: Definition, diagnosis, classification, and systems of supports [M]. 12th ed. American Association on Intellectual and Developmental Disabilities,2021.

② Wehmeyer M L. Handbook of adolescent transition education for youth with disabilities[M]. New York:Routledge,2012:413.

③ Wehmeyer M L, Parent W, Lattimore J, et al. Promoting self-determination and self-directed employment planning for young women with disabilities [J]. Journal of Social Work in Disability&Rehabilitation,2009(3-4):117-131.

④ 陈碧菊,梁玉霞.智力障碍中职毕业生就业现状分析与建议[J].现代特殊教育,2015(20):73-75.

满等,只能向智力障碍人士提供低层次工作岗位且是后台操作性岗位,而这些劳动强度高的岗位易导致智力障碍人士的离职;(3)智力障碍人士更易被大公司接受,这类企业管理较为规范,对于智力障碍人士的雇佣态度比较开放,企业关爱特殊人群的文化深厚。注重宣传,为特殊人群提供晋升机会,职业稳定性较高;(4)智力障碍人士在自家私企或个体中就业的比例最高,就业需依靠家庭资源,经过职业能力训练的智障学生毕业后,融入自家企业的适应期相对较短,而且环境熟悉,对工作的持续有较大优势。这样的企业负责人一般都在接纳自家孩子的基础上,更容易接纳其他智力障碍人士[①]。

二、就业方向与展望

随着国际社会对残障人士就业的重视,越来越多的残障人士走上了就业岗位。在国际上,残障者的就业方式主要有以下三种:竞争性就业、庇护性就业和支持性就业。在国内,依据我国的特有国情,就业形式主要为:集中就业、分散就业、自主就业、灵活就业。我国的理论研究者与实践者们致力于在按比例就业的环境中建立支持系统促进智力障碍人士实现持续性的就业,并过上独立、自主、有意义、有目的、有尊严的生活[②]。支持性就业目前为国际社会解决智力与发展性障碍人士就业问题的一种重要形式。支持性就业指将残障人士安置在一般就业环境中,与普通同事一起工作,在完成常态工作中保障质量,并在工作中提供给残障人士持续支持的就业方式。这种方式适用于我国的智力障碍人士,在按比例就业法规的保护下获得工作机会,并在无障碍和支持系统的环境中维持就业。基于我国残障学生就业转衔服务的现状和已取得的成绩,为进一步推动我国就业转衔服务的发展,我们可考虑从以下几方面努力:

1. 以理论为指导,统筹设计与规划,培养学生就业转衔能力

在智力障碍学生就业转衔服务实践的过程中,需要有机整统各类就

---

① 潘福根. 高职教育要"以就业为导向"为构建和谐社会做贡献[C]. 重庆:中国国际职业教育论坛文集,2005:82-85.

② 许家成. 智力障碍与发展性障碍者支持性就业指南[M]. 南京:南京师范大学出版社,2016:1-21.

业转衔模式的核心要素。各类就业转衔服务模式均将制订个别化转衔计划列为首位要素,关注学生个人生活和社会生活领域,并重视学生和家庭的主动参与以及跨机构(单位)的合作。

2.以评估为基础,制订个别化计划,提供多层次支持与服务

转衔计划作为残障学生实现就业目标的行为纲领,直接决定了转衔过程中如何分配相关资源,以及如何开展服务与支持。智力障碍人士的就业转衔服务要适应其发展的特点和需求。学校与相关职业康复机构应当基于转衔评估的结果,鼓励各利益相关主体,如残障学生、残障学生家长、特殊教育教师、职业教育教师、用人单位,以及政府相关部门共同参与,制订个别化的转衔计划,并依据此计划为残障学生提供合理的多层次支持与服务。

3.以合作为手段,整合并优化资源,提供无缝式衔接与支持

智力与发展障碍人士就业转衔的顺利进行有赖于各方之间的合作与协调,完整的就业转衔支持体系应当整合学生、家长、学校,相关机构,教育、劳动、社会福利、康复等部门以及企业,在彼此充分沟通下,确定各自的角色定位,并建立行之有效的就业转衔支持体系。团队成员在评估、转衔计划制订与执行过程中的角色不同。

4.以社区为依托,增加真实工作体验,提升就业、生活关键技能

真实的工作体验可以帮助残障学生更好地提升工作技能,真实的工作环境也可以帮助他们学会处理工作所涉及的人际交往、语言和生活能力的各种问题①。因此,就业转衔服务应该结合企业等社会资源,为残障人士提供在实际工作环境中获得工作经验的机会,以促进他们顺利找到工作,尽可能独立或半独立地参与社会生活。

---

① 袁曦. 心智障碍青少年就业转衔服务研究[J]. 北京青年研究,2020,29(04):54-60.

主要参考文献

［1］黄建行,雷江华. 智力障碍学生职业教育模式［M］.北京:北京大学出版社,2011.

［2］林素贞,肖本强,黄秋霞. 身心障碍学生的转衔教育与服务［M］.新北:心理出版社,2020.

［3］沈立.智障学生个别化职业转衔服务模式［M］. 上海:上海交通大学出版社,2013.

［4］许家成. 特殊儿童生涯发展与转衔教育［M］. 南京:南京师范大学出版社,2015.

［5］许家成,肖培琳,杨超. 智力障碍者与发展性障碍者支持性就业指南［M］. 上海:上海交通大学出版社,2013.

［6］徐添喜,苏慧. 从学校到就业:美国残障学生就业转衔模式的发展及其启示［J］. 残疾人研究,2016(02):25-29.

［7］Flexer R W, Baer R M, Luft P, Simoons T J. Transition planning for secondary students with disabilities［M］. 3rd ed. Columbus, OH: Pearson,2008.

［8］Foreman P. Education of students with an intellectual disability:Research and practice［M］. Charlotte,NC:Information Age Publishing Inc,2009.

［9］Halpern A S. Transition:A look at the foundations［J］. Exceptional Children,1985,51:479-486.

［10］Hardman M L,Dawson S A. Successful transition programs:Pathways for students with intellectual and developmental disabilities［M］. Thousand Oaks,CA:Sage,2010:3-24.

［11］Kochhar-Bryant C A,Greene Gary. Pathways to successful transition for youth with disabilities:A developmental process［M］. Upper Saddle River,New Jersey:Pearson Education,2009.

［12］Kohler P D. Taxonomy for transition programming：Linking research and practice［M］. Computer Science，1996.

［13］Lindstrom L，Doren B，Miesch J. Waging a living：Career development and long-term employment outcomes for young adults with disabilities ［J］. Exceptional Children，2011；77(4)：423-434.

［14］Neburt D A，Sitlington，Clark G M. Transition education and services for students with disabilities［M］. Boston：Pearson Allyn and Bacon，2006.

［15］Wehman P，Kregel J，Barcus M. From school to work：A vocational transition model for handicapped students［J］. Exceptional Children，1985，52：25-37.

第二章

语言干预与智障学生就业转衔

语言是人与人之间沟通的重要桥梁,对个人的社会生活具有重要作用。然而,智障学生因其智力缺陷及适应行为障碍,语言发展缓慢,这一问题不仅会影响其人际交往与学习生活,更会对其参与社会生活产生消极影响,尤其是对于就业转衔阶段的智障学生来说,语言能力的不足会导致其就业困难。SGD 作为一种新兴的语言干预技术,对就业转衔阶段智障学生语言干预具有重要意义。因此,从理论层面对语言干预、SGD 进行学习,并了解 SGD 在智障学生就业转衔中的应用研究,有助于为 SGD 在智障学生就业转衔中的应用及实践提供理论基础和引导。

第一节　语言干预的概述

语言作为一种符号,由复杂的要素构成,故语言障碍也会呈现出不同的类型与特征。如何有效地对语言障碍进行干预是一个长期被关注的话题,各种视角的干预理念及方法都在不断涌现。

一、语言

掌握语言的概念及基本组成要素是了解语言障碍的基础,只有对语言的构成有清晰的认知,才能从不同的结构中剖析障碍出现的原因。

(一) 概念

语言是人类社会约定俗成的符号系统,人们主要是通过语言来达到沟通的目的,主要表现为符号的运用和接受,这些符号主要包括口语、书面语、手势语等。然而,并不是所有的符号都可以看作语言。语言符号是用于沟通想法、感受及意念的,需具备以下特征:共享性、衍生性及创新性①。共享性是指每个符号都具有特定的含义,且了解这些符号的人能够彼此沟通。衍生性是指不同的语音要素能够衍生出大量的词汇,有限的词汇及语法规则又会产生无限的句子。创新性是指随着时间的推进,语言会不断产生新的字符,而原有字符的含义也会随着时代的发展而变化。不论使用哪一种符号系统,都意味着这个人具备语言能力,例如听力障碍者无法使用口语与他人交流,但能够通过手语的形式与他人进行沟通,这便是具备语言能力的表现。

（二）组成要素

语言交流是指信息、思想、情感等的互相交换,包括了编码、传递和解码信息等一系列过程。语言主要分为三个主要成分:形式、内容、使用,三个主要成分又由五个次要成分组成:音韵、构词、语法、语义及语用②。以下对语言的五个次要成分进行简要说明:

1.音韵

音韵是语言的形式之一,主要指词汇中语音排列顺序或分配规则。具体而言,每种语言中都会有其自身词汇发音的基本规则以及语音结合、排序形成词汇的规则,亦即声母与韵母结合的规则。以普通话为例,我国汉语拼音主要包含 22 个辅音和 12 个元音,共 34 个音素。音素是语音中最小的单位,具有辨义的功能。而汉语的发音则是依照一定的规则将音素排列或搭配,进而组成具有特定意义的音节。同时,在汉语发音中每一个音节都必须包含核心韵母和声调两个要素。声调主要包括了第一、二、三、四声及轻声五种,每个字都需要具备声调,不同的声调会表达不同的情感及内涵。通过对音素与声调搭配规则的掌握,才能进一步学习语言的其他成分。

2.构词

构词也是语言的形式之一,主要是指词汇组成的规则,也就是词素的

---

① 陈小娟,张婷. 特殊儿童语言与言语治疗［M］. 南京:南京师范大学出版社,2015:5-6.

② Bloom L, Lahey M. Language development and language disorders［M］. New York: Macmillan,1978.

应用规则。词素是具有独立语义或语法功能的最小构词单位,只有一个词素的词语被称为单纯词,由多个词素组成的词则称为合成词。在汉语中,常用的构词方式是复合词,即两个词合并在一起而产生新词。汉语的复合词根据其结构可以分为五大类,分别是主谓结构、动宾结构、述补结构、并列结构及偏正结构。主谓结构主要是指主词与动词搭配,如头晕、眼花;动宾结构是指动词与宾词的搭配,如走路、跑步;述补结构是指动词和补语的搭配,如吃饱、喝足;并列结构是指两个同类型的字组成新的词,如花草、树木;偏正结构是指主词与修饰词的搭配,如快跑、慢跑等。

3.语法

语法主要是指词与词结合,形成有意义的短语与句子的词序安排规则。词具有不同的类别,例如形容词、动词、名词、副词等。不同类型的词汇在句子中有特定的位置和特性,需要在一定规则下进行搭配才能正确显示其含义。在汉语语法中动词一般由副词修饰,如"开心地笑",而不能用形容词修饰动词。

4.语义

语义主要指语言系统中的意义,包括词及句子的意义。每个词或句子都会有特定的环境,语义的形成与世界上有关的人、事、物或经验的认知表征有关。在进行词语或词组的搭配时,要先了解语义,才能进行合适的排列组合。

5.语用

语用主要是指在不同沟通情境中掌握语言使用及功能的社会规则,包括如何以符合社会规范或约定俗成的方式使用语言,与人对话、交谈、沟通。在交流沟通的过程中,若无法理解对方的意图,那么双方将无法做出正确的反应和回复,故而会使得沟通无效。要实现沟通的目的,必须掌握和理解语言的意义,而且不仅需要对语言表面的含义进行理解,对于语言表达中的深层内容也需洞悉,因为在日常对话中,有些沟通目的会通过间接语言的方式表达出来。

二、语言障碍

语言障碍主要是个体在语言基本要素的发展上出现困难,了解语言障碍的类型,是学习和发展语言干预方法与技术的前提。

(一)概念

美国言语语言听力协会(ASHA,1993年)将语言障碍定义为"理解方面或口语、书面语及其他符号系统运用性的损伤"。该障碍可能包括三个层面:语言的形式(音韵、构词和语法)、语言的内容(语义)、语言在沟通中的功能(语用)①。《沟通障碍名词汇编》(*Terminology of Communication Disorders*)将下列三种现象称为语言障碍:(1)在语言的产生或接受方面存在困难,包括有限的词汇、有限的口语形式、缺少修饰语等;(2)不能利用语言符号沟通;(3)受某社会常模标准的限制,在有效沟通上存在障碍②。语言障碍患者经常会面临日常人际交往的困难,或在交往过程中被污名化和孤立③,最终会影响他们的社会生活及人际交往④。例如,在沟通功能上的障碍,导致语言障碍者在与陌生人沟通时存在困难,无法准确表达自己的想法,因此常常被迫退出人际交往的活动⑤,从而也导致他们出现自我价值的降低、抑郁、孤独和社交退缩等问题⑥。

(二)分类

语言是一种以掌控规则为主的复杂符号系统,其使用起到表征作用,但在使用过程中会受到社会互动、沟通情境等规则的限制。由于语言的

---

① American Speech-Language-Hearing Association. Definitions of communication disorders and variations [R]. 1993. www.asha.org/policy.

② Nicolosi L, Harryman E, Kresheck J. Terminology of communication disorders: Speech-language-hearing[M]. Lippincott Williams & Wilkins,2004.

③ Brady M C, Clark A M, Dickson S, et al. The impact of stroke-related dysarthria on social participation and implications for rehabilitation[J]. Disability & Rehabilitation,2011,33(3):178-86.

④ Cruice M, Worrall L, Hickson L. Quantifying aphasic people's social lives in the context of non-aphasic peers[J]. Aphasiology,2006,20 (12):1210-1225.

⑤ Hartelius L, Elmberg M, Holm R, et al. Living with dysarthria:Evaluation of a self-report questionnaire[J]. Folia Phoniatr Logop,2008,60(1):11-19.

⑥ Stancliffe R J, Larson S, Auerbach K, et al. Individuals with intellectual disabilities and augmentative and alternative communication:Analysis of survey data on uptake of aided AAC, and loneliness experiences[J]. Augment Altern Commun,2010,26(2):87-96.

结合,依不同障碍程度决定教学目标的主体方向①。

(二)干预的类型

语言干预的类型依据干预目的不同也各有差异,Wilcox 依据综合语言干预领域所提供的服务,将语言干预分为三类:预防、矫治与补偿②。

1.预防

预防主要是指针对有语言发展障碍风险的学生(如智力障碍、听力障碍),提供早期干预或密集性教学,其目的是减轻或避免语言发展的问题。某些语言或沟通障碍可能是由于生理上的原因所造成,需要为其提供物理性支持。例如对造成构音-音韵发展问题的唇腭裂进行适当的整形修补手术;为听力损伤的学生佩带适当的助听器或是植入人工电子耳蜗,以此来减少或消除该生理因素对个体语言沟通的影响。

2.矫治

矫治则是指针对学生的某项语言缺陷或问题进行矫正,对可能出现的音韵、语意、语法或语用等缺陷教授特定的语言行为,例如,针对词汇量不足的学生,以增加表达性词汇量为干预或教学目标;为词汇寻取困难的学生提供构建词汇库的方式;对词汇广度不足的学生进行词汇教学,以期增加词汇理解与使用的数量。

3.补偿

补偿则是指教导学生语言理解或表达的方式方法,而不是以去除某个语言缺陷为教学目标。语言沟通障碍可能是由于无法适当地使用传统的语言符号(即口语)表达自己或与人沟通,因此通过提供补偿性策略可以让其适当地与他人沟通。例如,对于一个有严重词汇寻取困难的学生,可以教导他使用音韵线索提取词汇的策略,以提高其提取词汇的效能;借助图片沟通系统来帮助无语言沟通能力的自闭症学生进行表达;为有口语表达困难的脑瘫患者设计掌上电脑(Personal Digital Assistant,PDA)等

---

① 林宝贵.语言障碍与矫治[M].台北:五南图书出版股份有限公司,2002:330-33.

② 锜宝香.特殊需求儿童的语言学习问题与语言教学[EB/OL].[2009-11-12].https://sencir.spc.ntnu.edu.tw/_other/GoWeb/include/index.php? Page=6-5&news03=70,2021-04-19.

沟通辅具帮助其找到代偿性的沟通策略或方式。

第二节　SGD 概述

语音输出设备是一种以扩大替代性沟通系统为基础的新型科技辅具,扩大替代性沟通系统对存在语言障碍的个体有极大的支持作用,在此系统的引导下,各类沟通辅具应运而生,语音输出设备便是其中作用突出的产品之一。

一、扩大替代性沟通系统(AAC)

扩大替代性沟通系统(Augmentative and Alternative Communication,AAC)作为一种语言系统,其目的是补充或替代较少有或没有功能性语言个体的语言体系,以满足个体的沟通需要。

（一）AAC 的概念

美国言语语言听力协会(ASHA)将 AAC 描述为一种"补偿患有严重言语语言障碍者暂时或永久性损伤以及活动参与限制的手段"[①]。作为一个基于循证实践的语言干预方法,AAC 在帮助有沟通障碍的成年人提高生活质量、增强独立性和改善就业机会方面的作用得到了广泛认可[②]。AAC 可以分为非辅助沟通系统(Unaided Communication)和辅助沟通系统(Aided Communication)两类。非辅助沟通系统是指不需要任何外在的沟通装置来引导沟通行为的产生,如语言、面部表情、身体姿势等。辅助沟通系统则是指使用外接装置的辅助来实现对沟通行为的支持,如图片沟通板、语音输出设备等。AAC 可以是电子的,也可以是非电子的;可以作为沟通的主要方式,也可以是整体沟通策略的一部分,或仅在某些情况下

---

① American Speech-Language-Hearing Association. Augmentative and Alternative Communication (AAC)[EB/OL]. http://www.asha.org/docs/pdf/PS2005-00113. pdf,2021-04-10.

② Paterson H, Carpenter C. Using different methods to communicate: how adults with severe acquired communication difficulties make decisions about the communication methods they use and how they experience them[J]. Disability and Rehabilitation,2015,37(17):1522-1530.

使用。当用于扩充现有语音时,它是扩大性的;当用于不存在或不起作用的语音时,它是替代性的。

(二)AAC 的内容

AAC 是一个完整的功能性沟通系统,包含了沟通技巧、符号或系统、沟通互动行为①。ASHA 提出 AAC 包含四个主要元素:符号、辅具、技术及策略②。符号是指利用视觉、听觉及触觉等方法来表达概念,包括用身体的非辅助性符号,如表情、手语等,以及运用外部物体的辅助性符号,如图片、文字及实物等。辅具是指应用装置或设备以传达或接受沟通信息,包括低科技的沟通辅具和高科技的沟通辅具。低科技的沟通辅具是指没有打印或语音输出功能的设备,如沟通板、字母板等;高科技的沟通辅具则是具有打印和语音输出功能的设备,如电子沟通仪器或计算机等。技术是指使用者从 AAC 上提取信息和传播信息的各种方法,包括直接选择和扫描。直接选择是指使用者能够直接运用声音、手、眼睛等身体部位控制界面,如手势、触摸等;扫描则是通过移动的灯或图标来回扫描辅具上的选项,这类技术多用于缺乏动作控制能力的个体。策略是指通过个体自我学习或被教导而学到的方法,是对个体最有效率和效果的方法,如角色扮演、渐进教学、提示和消退等③。

(三)AAC 的实施

作为特殊教育服务的一部分,实施 AAC 涉及许多步骤④,包括:(1)确定合适的 AAC 模式;(2)选择优先目标或技能;(3)描述教授 AAC 使用的教学方法;(4)确保这些教学方法的有效应用;(5)评估教学效果;(6)必要时排除教学方法的障碍;(7)随着个人的进步扩大干预目标。在

---

① 许月琴. 沟通障碍者的辅助科技辅助沟通系统简介[J]. 特殊教育季刊,2000,75:38-40.

② 陈翠凤. 运用语音沟通板(SGDs)介入之教学策略对口语受限重度智能障碍学生社交互动之成效[D]. 台湾师范大学,2012:1-162.

③ American Speech-Language-Hearing Association. Roles and responsibilities of speech language pathologists with respect to augmentative and alternative communication:Position statement[EB/OL]. http://www.asha.org/NR,2021-03-20.

④ Sigafoos J,Meer L V D,Schlosser R W,et al. Augmentative and Alternative Communication (AAC) in intellectual and developmental disabilities[M]. Computer-Assisted and Web-based Innovations in Psychology,Special Education,and Health. 2016:256.

国外,AAC 介入服务需要由专业团队提供,团队成员有需使用辅助沟通的个案和家人等重要他人、言语及语言治疗师、作业治疗师、物理治疗师、社区助残员、听力师、学校老师、专业医师、护士等①。言语及语言治疗师的主要职责是提供 AAC 介入评估及治疗,借由评估结果提供最合适的 AAC 辅具建议,并根据个案的特定目标和需求制订干预措施②。作业治疗师的工作职责为精细动作训练、感觉统合训练及日常生活能力训练。物理治疗师可帮助评估个案的运动能力,提供最合适的操作辅具姿势。作业治疗师和物理治疗师帮助个案发挥其最大潜力来操作、使用沟通辅具。康复医师负责整合语言治疗师、物理治疗师、作业治疗师评估和治疗所得的信息,提供医疗建议,如用药、手术建议等,社区助残员则帮助协调所有与个案有关的专业服务及相关社会福利措施。其他专业人员将依据个案的不同情况,提供必要的服务③。

然而,决定使用哪些 AAC 辅具以满足个体在各种环境和不同情况下沟通需求可能存在困难。比如,在普通教育课程中用于参与学术活动的特定设备可能不同于休闲时间用于沟通的设备或工具。尤其对智障学生来说,由于他们通常存在认知障碍、学习和记忆问题、适应性行为问题及严重行为问题,这些复杂的因素给实施 AAC 带来更多的挑战。

二、语音输出设备(SGD)

语音输出设备(Speech-Generating Device,SGD)作为一种数字化技术工具,以其便携、高效、高性价比的突出优势逐渐成为语言沟通干预领域的"新星",了解 SGD 的基本概念、类型、干预策略及应用效果,有利于更加高效地使用 SGD。

---

① Szu-Han K C,Katya H,孙克兴,等. 辅助沟通系统概要[J]. 中国康复理论与实践,2012,18(09):898-900.

② Paterson H, Carpenter C. Using different methods to communicate:How adults with severe acquired communication difficulties make decisions about the communication methods they use and how they experience them[J]. Disability and Rehabilitation,2015. 37(17): 1522-1530.

③ Szu-Han K C,Katya H,孙克兴,等. 辅助沟通系统概要[J]. 中国康复理论与实践,2012,18(09):898-900.

(一)SGD 的概念

SGD 是一种能够以数字化或合成语音输出的形式产生听觉语言信息的设备或程序[①],是 AAC 的一个子系统。数字化语音是指能够传递"完整信息"的语音输出。这类设备可以由 SGD 用户预先录制词语或短语,并根据需要播放相应的语音信息。合成语音不同于预先录制的数字化语音,它是指那些使用代表语言规则的算法将用户输入翻译成设备生成的语音技术。用户不限于预先录制的语音信息,而是可以根据自己的沟通需求独立创建语音信息,这些设备也被称为文本语音系统。SGD 一般通过字母、词语、图片和符号等方法进行信息选择,主要通过与键盘或触摸屏的直接肢体接触、间接选择技术和专用访问设备等方式进行访问,如操纵杆、鼠标、光指针和红外指针等[②]。

如今,越来越多的便携式触屏设备可以用作 SGD,如 iPad、iPod、iPhone 及其他智能电子设备。因这些设备具有价格低、功能多和社会认可度高等特性,在沟通障碍者干预中广泛受到欢迎[③]。SGD 作为一种有效的辅助沟通系统,与其他的 AAC 方式相比有着独特的优势。首先,与手势语(Manual Signs,MS)相比,SGD 不需要复杂的精细动作技能,可以通过简单的操作来响应,以及 SGD 发出的语音可以被任何沟通伙伴识别和理解。其次,与图片交换(Picture Exchange,PE)相比,SGD 可以存储更多的语音及图片,更实际、更实用以及更易于携带[④]。Couper 等人进一步扩大样本被试量,比较了 9 名自闭症儿童学习使用 MS、PE 和 SGD 的速度及使用偏好,结果发现 8 名儿童表现出对 SGD 的使用偏好,且一半儿

---

① Wendt O,Hsu N,Simon K,et al. Effects of an iPad-based speech-generating device infused into instruction with the picture exchange communication system for adolescents and young adults with severe autism spectrum disorder[J]. Behavior Modification,2019,43(6):898-932.

② Rispoli M,Mahcalicek W,Lang R. Assistive Technologies for People with Diverse Abilities [M]. New York:Springer,2014:21-52.

③ Achmadi D,Sigafoos J,Van Der Meer L,et al. Acquisition,preference,and follow-up data on the use of three AAC options by four boys with developmental disability/delay [J]. Journal of Developmental and Physical Disabilities,2014,26(5):565-583.

④ Lorah E R,Parnell A,Whitby P S,et al. A systematic review of tablet computers and portable media players as speech-generating devices for individuals with autism spectrum disorder[J]. Journal of Autism and Developmental Disorders,2015,45(12):3792-3804.

童学习使用 SGD 的速度快于 MS 和 PE。这些研究表明,在选择辅助沟通系统时,大多数儿童表现出对 SGD 的使用偏好,这在一定程度上也反映了 SGD 技术系统的易操作性和吸引性①。如今,iPad、iPhone 等便携式触屏设备作为大众普遍偏爱的一种消费类产品,给 SGD 的使用带来了较高的社会认可度,这在很大程度上支持了 SGD 在融合环境中的使用。

(二)SGD 的类型

相较于国内,国外对 SGD 技术的研究已经相对成熟和系统化,因此本小节主要以 Gierach 在其著作《评估学生对辅助技术的需求》(*Assessing Students' Needs for Assistive Technology*)中所提到的分类来对 SGD 的类型与特征进行介绍。

1.简单的 SGD

简单的 SGD 包括从只储存一条信息到具有多个主题或多条消息选项的设备。这类设备均使用数字化或录制的语音,通常很容易编程或更改信息。它们由电池供电,每次录制的时间从最少几秒钟到最多 5 分钟不等。大部分简单的 SGD 可以通过选择真实物体图像或图片、图标,输出相应的语音信息,有些也可以用视觉场景显示。简单 SGD 最常见的一些特征包括:(1)学生一次性可以在一个覆盖层上选择一组信息;(2)按下一个键或单元格就会产生一条消息(单个词语或短语);(3)可能有多个消息的按钮;(4)设备需要重新编程才能改变信息;(5)设备质量小,便于携带;(6)大多数设备可以通过直接选择来访问,少数设备具有扫描功能;(7)部分具有开关端口,可以作为开关来激活设备。简单的 SGD 软件包括 32 Message Communicator©、BIGmack®、Cheap Talk 8 1-Level©、HipTalk©、iTalk、Step-by-Step™、Tech Four™、VoicePal。

2.带层级页面的 SGD

带层级页面的 SGD(Speech Generating Devices with Levels)可以向不同环境、活动中的学生提供更多的沟通信息。该类型的 SGD 的每一级页

---

① Couper L,Vander M L,Schäfer M C M,et al. Comparing acquisition of and preference for manual signs,picture exchange,and speech-generating devices in nine children with autism spectrum disorder[J]. Developmental Neurorehabilitation,2014,17(2):99-109.

面都可以为每一项活动设定特定的词汇,页面由核心词汇和特定主题词汇组成。SGD 的层级可以从非常简单到非常复杂,它们有许多与简单 SGD 相同的功能,但更强大。它们是由电池供电的,但有些设备可使用充电电池,或者直接插入电源插座进行充电。带层级页面的 SGD 也使用数字化或录制的语音,但内存大大增加(有些超过一个小时的录制时间)。其中一些设备还具有视觉和听觉扫描能力。在选用不同层级的 SGD 时,需要考虑学生的能力、不同环境中的沟通需求、页面存储、学生更改页面的能力以及学生需要完成的任务。带层级页面 SGD 的共同特征包括:(1)能够存储几层信息;(2)允许在多种情况或环境下使用,例如,第 1 级可以用适合团体或日历时间的信息进行编程,第 2 级可以保存午餐信息,第 3 级可以是适合操场上社交沟通的词汇,第 4 级可以被编程为支持普通教育教室中的内容消息等;(3)从一个层级到另一个层级的变化通常需要激活一个按钮,滑动一个开关,或者指示一个新的层级,并需要一定的肢体动作改变图片覆盖。带层级页面的 SGD 软件包括 Boardmaker®、ChatBox、DigiCom 2000、FL4SH™、Go Talk、Message Mate™、Tech™ series。

3.带序列图标的 SGD

带序列图标的 SGD(Speech Generating Devices with Icon Sequencing)是使用图标排序作为沟通的语言基础。例如来自普兰克·罗米奇公司的 SGD 采用语义压缩的语言方法,将少量多种含义的图标排序以形成词语、短语或句子。此类 SGD 包含从为初始交流者设计的系统到基于词语的复杂沟通系统。此类 SGD 的共同特征是:(1)图标有多重含义。初始交流者从一个图标表达一个意思开始,但是随着学生语言能力的提高,更复杂的概念和含义被添加到图标上。例如,图标"大象"可能与"大、强壮、灰色"等概念相关联。(2)核心词汇不改变位置,这增加了肢体障碍学生的运动和自主性。(3)语言"规则"是用图标排序和图标预测建立和教授的。(4)使用一个小符号集,即不是向沟通系统添加新的符号、页面和导航,而是向现有图标添加新的概念和含义。例如,粉红色的爱心图标被用作"喜欢"这个词的替代含义。带序列图标的 SGD 软件包括 Vanguard™ Plus 5、Chatbox® series、SpringBoard™ series。

4.带动态显示的 SGD

带动态显示的 SGD（Speech Generating Devices using Dynamic Displays）是一种更加便捷的工具，其屏幕可以根据学生的输入，通过直接或间接选择来进行覆盖更改。屏幕可以显示字母、词语、短语、符号、照片、视觉场景、小屏幕及视频。每当学生激活一条信息，屏幕就有可能改变。根据学生的语言、认知、身体和视觉能力，屏幕可以实现从非常简单到极其复杂的显示。动态显示设备可以从初始交流者的显示器开始，并随着学生能力的变化而变得更加复杂。一些实践者认为，动态显示设备减少了沟通者的认知负荷，因为用户不必记住符号序列，只需识别他们希望传递的信息。然而，动态显示的一些特点可能会对一些学生构成挑战。因为屏幕可能会随着每次"点击"而改变，部分学生可能会在试图导航到某条信息时"迷路了"。此外，对于一个没有读写能力的学生来说，传达一个新奇的信息是很困难的。对有肢体障碍的学生来说也很难，因为符号可以根据屏幕改变位置。

带动态显示的 SGD 质量和尺寸多样，从非常小的手持 PDA 到需要固定在轮椅支架上的大型或重型通信器，应有尽有。许多具有动态显示的 SGD 除了沟通之外还具有其他功能，比如有些设备内置了环境控制，这样学生不仅可以在电视上表达他们更改频道的请求，还可以通过他们的设备来实现；有些设备则内置了具有词语预测功能的键盘；其他设备还可以用来写和发电子邮件、发短信或者打电话。此外，许多设备都具有高级辅助功能，包括单个或多个开关的扫描功能、听觉扫描、头部鼠标访问或眼睛凝视访问。一些视觉或注意力有困难的学生可以受益于许多 SGD 和通信软件中包含的"缩放"功能，即其中所选或扫描的符号可以在屏幕上放大以使其更加突出。

带动态显示的 SGD 可以使用数字化录音、合成语音或两者兼有，这使得学生的个性化声音有着更大的灵活性。他们可以在大多数信息中使用高质量的合成语音，或者输出学生书写的任何文本。当学生想让他们的语音听起来像他们的同龄人（比如使用俚语、讲笑话和问候等）时，他们可以使用同性别的同龄人的数字化录音。以下是动态显示语音生成设备的一些常见特征:(1)屏幕上显示图片、文字或符号,可以通过触摸或开关激活。激活屏幕上的图片会产生一条消息或前进到新的屏幕或窗口。(2)设备可自动更改图片显示和相应的消息。比如在麦当劳要一个芝士汉堡,其流程如下:学生从主页上选择食物符号→设备自动切换到新的食物符号页面(其中包括一个代表快餐的符号)→学生选择快餐符号→该设备切换到有代表几个快餐店的符号的页面→学生按下麦当劳的符号→设备切换到包含麦当劳菜单项目的页面→学生选择芝士汉堡的标志。如果一个学生总是从菜单上点同样的东西,一个更快的链接可以被编程,这将需要更少的页面设置和激活。(3)可能需要大量编程来实现个性化。(4)一个图标或"点击"可以被编程为产生一个词语、一个短语或一个长消息,如预先存储的语音或课堂演示。(5)学生需要导航到不同的页面来交流不同的主题。

对于正在考虑使用带动态显示的 SGD 进行试验或评估的团队来说,另一个选择是在计算机上安装具有这些功能的软件。带动态显示的 SGD 软件包括 Boardmaker Plus、Boardmaker with Speaking Dynamically Pro Ⓡ、Dynavox System Software、Gus! Multimedia Speech System、Say-it! SAM、SpeechPRO、Talking Screen archives、Tobii Dynavox Compass 等。这些软件可以安装在台式机、笔记本电脑或平板电脑上。软件程序具有相同的功能,如扫描功能、链接到新页面或程序等。计算机系统可以在显示器中内置触摸屏,或者作为硬件添加。平板电脑也可以有一个触摸屏,可以旋转并平放在键盘上模拟 SGD。一些动态显示设备包括 TCS Conversa™、Dynavox devices、Optimist series、Say-it! SAM series、Tuff Talker。一些基于手持计算机的动态显示设备包括 ChatPC series、Say-it! SAM Communicator、Tellus Smart。一些基于眼凝技术进行访问的动态显示设备包括 Tobii Eye、EyeTech Digital Systems。

5.基于文本的 SGD

基于文本的 SGD(Text based device with Speech Synthesis)允许学生输入几乎任何内置语音合成器能够说出的信息,非常适用于具有良好键盘输入技能和读写技能的学生。这些设备中的大多数都具有提高用户键盘输入速度的功能,例如词语预测和预存信息,这些信息可以通过使用键盘组合或缩写来检索,有些设计还带有电话或互联网功能,此外许多设备都内置了包括扫描功能和键盘保护在内的访问注意事项。所有基于文本的 SGD 都有一个带有薄膜键盘或物理键盘的文本窗口,这样学生就可以看到输入的信息。基于文本的 SGD 主要有以下几方面特征:(1)学生键入的任何内容都可以通过该设备说出来;(2)需要良好的语法、拼写和标点符号的读写技能;(3)大多数具有速率增强功能,如缩写扩展、预存消息和词语和/或短语预测。一些基于文本的 SGD 包括 DynaWrite、Freedom Toughbook™ and Extreme™、Lightwriter SL50、Poly Ana。

(三)SGD 的干预策略

SGD 干预中使用了各种术语来描述干预策略,如环境教学、互动策略以及刺激反应等。Meer 等人从理论层面将这些干预策略分为两大类:一类是操作性行为主义的干预策略,另一类是自然主义的教学策略[①]。Gevarter 等人从实操层面总结了较为常见的干预策略,主要包括如下内容:通过时间延迟和提问等方法创造沟通机会;通过加强要求或表扬等方法提供反馈;提示(语言、身体、手势等);示范和培训交流同伴等[②]。在 SGD 的干预研究中,研究者通常兼顾理论和实操,所使用的干预策略主要包括以下 3 种类型。

1.系统化教学策略

系统化教学策略是指各类系统性教学程序,包括最少到最多提示、时间延迟、分级指导、错误纠正以及差异强化等方法[③]。例如 Kagohara 等人在教导 2 名自闭症青少年使用 SGD 命名图片时采用的干预策略包括时

[①]　Meer L, Rispoli M. Communication interventions involving speech-generating devices for children with autism:A review of the literature[J]. Developmental neuro rehabilitation,2010,13(4):294-306.

[②]　Gevarter C, Zamora C. Naturalistic speech-generating device interventions for children with complex communication needs:A systematic review of single-subject studies[J]. American Journal of Speech-LanguagePathology,2018,27(3):1-18.

[③]　Waddington H,Sigafoos J,Lancioni G E,et al. Three children with autism spectrum disorder learn to perform a three-step communication sequence using an iPad-based speech-generating device[J]. International Journal of Developmental Neuroscience,2014,39:59-67.

间延迟、最少到最多提示和差异强化,结果表明使用系统的教学程序和SGD可以促进语言理解和自然语言的产生①。Sigafoos等人对两名自闭症儿童进行沟通技能干预,使用的教学程序包括时间延迟、分级指导和差异强化,发现在没有提示的情况下,两名儿童主动沟通的次数增加并且攻击行为减少,系统化教学干预的效果显著②。

2.同伴介入策略

同伴介入策略是指通过简短的培训和指导来教特殊儿童的同伴使用SGD,可以让特殊儿童在与同伴的互动中增加对交流符号的使用。有研究发现利用同伴介入策略可以改善自闭症儿童沟通和互动中的核心缺陷,且对提升自闭症儿童的课堂社交参与度,增加其与同伴的互动具有显著效果③。Thiemann等人采用同伴介入策略对自闭症儿童进行沟通技能干预,通过同伴辅助训练4名自闭症儿童如何操作SGD,结果表明,4名参与者中3名自闭症儿童的沟通技能均获得提升④。

3.行为链中断策略

行为链是指将行为动作进行分解,形成数个步骤,且每个步骤之间相互链接,而行为链中断策略是中断行为链接中的某个步骤。该方法使用的前提是儿童已经非常熟悉行为链中的各个步骤,在干预过程中中断某步骤,可以引发儿童新的目标行为。这一干预策略常与其他策略结合使

①　Kagohara D M,Meer L,Achmadi D,et al. Teaching picture naming to two adolescents with autism spectrumdisorders using systematic instruction and speech-generating devices[J]. Research in Autism Spectrum Disorders,2012,6(3):1224-1233.

②　Sigafoos J,Lancioni G E,O'Reilly,et al. Teaching two boys with autism spectrum disorders to request the continuation of toy play using an iPad-based speech-generating device[J]. Research in Autism Spectrum Disorders,2013,7(8):923-930.

③　Hyppa-Martin J,Reichle J. The Effect of partner reauditorization on undergraduate's attitudes toward a peer who communicates with augmentative and alternative communication[J]. American Journal of Speech-Language Pathology,2018,27(2):657-671.

④　Thiemann-Bourque K S,McGuff S,et al. Training peer partners to use a speech-generating device withclassmates with autism spectrum disorder:Exploring communication outcomes across preschool contexts[J].Journal of Speech,Language & Hearing Research,2017,60(9):2648-2662.

用,如与同伴干预①、系统化教学②等方法结合使用,对自闭症儿童沟通技能的学习具有显著效果。

（四）SGD 的应用效果

随着科学技术的进步,SGD 已经广泛应用于各类障碍人群的教育实践或干预研究中,因其在应用上具备独特的优势而备受青睐,例如通过语音传播能够直接准确地转达信息,减少误解③。同时也有大量研究证明,SGD 在语言及言语领域的干预具有显著作用。

首先,是在沟通技能的干预上,SGD 能够有效提升个体的沟通技能。Schepis 等人研究表明,SGD 的干预能够显著提升多重障碍个体的整体沟通技能,且对于其人际关系的发展具有积极作用。其次,在语言理解的干预上,SGD 能够快速且直接对使用者的语言进行反馈,让使用者能够将上下句进行联结,进而增进对语义的理解④。再次,在识字阅读的干预上,相关研究表明,SGD 有助于对音韵信息的解码,帮助使用者获得音韵信息,进而提升其音韵识别能力,对使用者识字及阅读能力的提升具有积极作用⑤。最后,在口语表达的干预上,Mirenda 等人通过带有语音装置的SGD 对自闭症学生的需求表达能力进行干预,研究结果显示,自闭症学生的口语表达频率得到显著提升⑥。

综上可知,SGD 有其独特的优势,通过直接的听觉提示让使用者能够

---

① Lorah E R,Karnes A,Miller J,et al. Establishing peer manding in young children with autism using a speech-generating device[J]. Journal of Developmental and Physical Disabilities,2019,31(2): 791-801.

② Carnett A,Waddington H,Hansen S,et al. Teaching mands to children with autism spectrum disorder usingbehavior chain interruption strategies:A systematic review [J]. Advances in Neurodevelopmental Disorders,2017,1(4):203-220.

③ Schepis M M,Read D H,Behrman M M. Acquisition and functional use of voice output communication by persons with profound multiple disabilities[J]. Behavior Modification,1996,20(4), 451-468.

④ Steelman J D,et al. The role of computers in promoting literacy in children with severe speech and physical impairments (SSPI)[J]. Topics in Language Disorders,1993,13(2):76.

⑤ Durand V M. Functional communication training using assistive devices:Recruiting natural communities of reinforcement[J]. Journal of Applied Behavior Analysis,1999,32(3):247-267.

⑥ Mirenda P,Wilk D,Carson P. A Retrospective Analysis of Technology Use Patterns of Students with Autism over a Five-Year Period[J].Journal of Special Education Technology,2000,15 (3):5-16

快速获取语言信息,对音韵、语义、语用等各个方面的发展都具有积极作用。

第三节　SGD 与智障学生及其就业转衔

智障学生因其认知方面的障碍,导致其在学习抽象知识和发展技能上更加困难,SGD 因其直观性和趣味性的特点,其干预内容和形式更加有利于智障学生吸收。近年来,SGD 在智障学生语言干预及就业转衔上的应用逐渐增多,其应用效果也不断得到证实。

一、SGD 与智障碍学生的语言干预

智障学生的语言发展有其特殊性,在语音、语义及语用能力的发展上存在显著问题。而大量实证研究发现,SGD 在其语言障碍的干预上效果明显。

(一) 智障学生语言发展特征

1.语音能力特征

在语音发展上,发音问题是智障学生语言发展中最为显著的问题,该类学生出现构音异常的几率高达 50%以上,常见的发音问题有发音不清、发音异常、持续发音困难等。但智障学生音位发展顺序基本与普通学生一致,都是先掌握元音、半元音、鼻音和塞音,后掌握擦音、塞擦音和边音,且发音策略也基本遵循普通学生的发展规律,但其发展阶段明显慢于正常学生[1]。智力水平越低,智障学生构音异常就越明显,严重的情况下学生会因肌肉控制困难,而无法发出声音,只能以非口语的方式进行沟通。智障学生的发音障碍主要表现为:数个特定语音的异常;整体性构音异常,语音的清晰度较低;完全无语音能力[2],例如对 sh、zh、ch 等汉语拼音发音不清,对韵母中韵头或韵尾的丢失等。

---

[1]　刘春玲.弱智儿童语音发展研究[J].中国特殊教育,2000,2:31-35.
[2]　郑静,马红英.弱智儿童语言障碍特征研究综述[J].中国特殊教育,2003(03):3-7.

2.语义能力特征

在语义发展上,智障学生主要表现为词汇方面的障碍,智障学生常出现使用的词汇数量较少且词汇缺少变化等问题,他们在沟通中常使用一些具体性词汇,概念表达性词汇应用较少,且障碍程度越重,词汇量越少,甚至无口语表达。表达性词汇发展迟缓,故而常用一个词语表达很多不同的事物或概念。较少使用抽象性的名词或动词,也很少使用形容词、语助词、生动词组、惯用语,并常常出现错用词汇的现象①。

3.语法能力特征

在语法发展上,智障学生在语法方面的发展顺序与普通学生一致,都是从简单的陈述句开始,慢慢开始学习否定句、疑问句,最后到复杂的时态句型②。只是智力障碍的学生发展相对迟缓,如普通学生复杂句型的使用水平会随着年龄的增长而逐渐发展,而智障学生则无显著变化。在具体的表达中智障学生常出现以下语法问题:使用的词汇较少,且常只能将词汇结合,用类似电报语的方式进行表达,未能顾及语法规则且难以表达复杂的意义;句型不完整且语句中常出现词序颠倒现象,句型结构常出现错误;句型结构简单零碎,且很少使用结构复杂的句型;对代名词、否定句、被动句的使用及理解较差③。

4.语用能力特征

在语用发展上,智障学生存在很明显的缺陷,特别是在使用描述性语言上有很大的困难④,其语用发展的特征主要表现为三个方面:一是沟通情境中语句应用不当,如答非所问或无法适当地提出问题;二是缺乏沟通技能,如常有自言自语、复述现象,开启、维持及结束话题等方面存在困难;三是缺乏语言表达能力,如常使用动作、肢体语言表达。智障学生由

① 林宝贵.语言障碍与矫治[M].台北:五南图书出版股份有限公司,2002:330-339.
② 林宝贵,锜宝香.语言障碍学生辅导手册[M].台北:教育行政主管部门特殊教育小组,2006.
③ 锜宝香.特殊需求儿童的语言学习问题与语言教学[M].台北:台北教育大学,2009:12-13.
④ 林宝贵,张小芬.初中智障学生语文能力及其相关因素之研究[J].特殊教育研究学刊,1998,16:87-108.

者以及精细运动反应控制差的智障学生①,操作这些设备需要进行屏幕触摸,而上述类型学生却难以操作。

二、SGD 与智障学生的就业转衔

智障学生在步入就业转衔阶段后,在语言沟通上遇到的障碍更为显著。目前智障学生的就业现状并不乐观,SGD 作为一种语言干预技术,已经开始应用到智障学生就业转衔技能和素养的干预中并起到积极的作用。

(一) 智障学生的就业转衔现状

智障学生和其他青少年学生一样,从学校到成人生活的转衔都会经历一系列的成长与变化。但是,智障学生在就业转衔的过程中会遇到更多的困难,研究表明智障学生相较于普通学生,其就业转衔结果并不理想,具体表现在接受高等教育、就业甚至独立生活等方面②。美国国家纵向转衔研究的一项调查结果显示,只有 26% 的智力障碍青年在从事有偿工作,在实现就业的这一小部分人中,却有 43% 的人在庇护性的环境中工作,如流水线工人或庇护性工场③。可以看出智力障碍群体的就业率很低。由于就业状况不佳,他们往往过度依赖他人生活,这对他们生活质量的提高及其社会参与都产生了消极影响。

美国智力与发展性障碍协会(American Association on Intellectual and Developmental Disabilities, AAIDD)在 2021 年的定义中指出"智力障碍是指在智力功能和适应性行为方面都存在明显的局限性,如概念、社会和实践等方面,这种障碍常发生于个体 22 岁之前"。我国第二次残疾人口普查对残疾标准进行修订后,将智力障碍定义为:智力显著低于一般人水

---

①　Lancioni G E, Singh N N, O'Reilly, et al. A speech generating device for persons with intellectual and sensory-motor disabilities[J]. Journal of Developmental and Physical Disabilities, 2015, 28(1):85-98.

②　Newman L, Wagner M, Knokey A M, et al. The post-high school outcomes of young adults with disabilities up to 8 years after high school: A report from the National LongitudinalTransition Study-2 (NLTS2)(NCSER 2011-3005)[R]. Menlo Park, CA:SRI International, 2011. www.nlts2.org/reports/.

③　Carter E W, Austin D, Trainor A. Predictors of post-school employment outcomes for young adults with severe disabilities[J]. Journal of Disability Policy Studies, 2012, 23(1):50-63.

平,并伴有适应性行为障碍①。由此可以看出,智障学生主要是在智力水平不足以及社会适应性行为两方面存在障碍。一方面,智力水平对其就业转衔的影响主要表现在学习能力及认知理解能力两方面。例如他们只有中低水平的读写和计算技能,常会在职业技能学习、工作场所规则理解等方面出现困难②。另一方面,社会适应性行为对其就业转衔的影响主要表现在社交方面。缺乏适当的社交技巧是智障学生的一个不足,这个不足会对他们的人际适应产生消极影响③。综上可知,由于智障学生自身条件的限制,当他们在从一个环境转移到另一个环境时便出现了困难,不仅会影响他们从学校到工作的转衔,也限制了他们在生活中的个人成长与发展。

(二)SGD 在智障学生就业转衔中的应用

智障学生的社会沟通与交往能力对于其职业技能提升和就业转衔结果具有重要影响,在就业过程中由于与同事或上级主管存在交流障碍,致使其难以真正融入工作环境,甚至无法顺利完成自己的工作任务④。在智障学生职业技能提升策略方面,多数研究主张通过建构社会福利等支持体系帮助智障学生改善现有的就业状况,如加强对他们在职业技能培训过程中就业信息收集、职业康复和就业安置与指导等方面的支持⑤。相对于国内鲜有运用具体干预策略提升智障学生职业技能的现实而言,国外在相关职业技能培训领域的研究成果已颇丰富。一些研究人员已经证明了在职业技能培训中使用基于 SGD 的干预策略能够提高智障学生的独立性和自我管理的有效性。通过使用移动设备上提供的图片或听觉支持可以成功地向智障学生传授与工作相关的技能,如摆放商品、吸尘、

①　中国残疾人联合会. 中国残疾人实用评定标准[EB/OL][2006-12-02]. http://www.gov. cn/ztzl/gacjr/content_459939.htm,2021-04-24.

②　Trembath D,Balandin S,Stancliffe R J,et al. Employment and volunteering for adults with intellectual disability[J]. Journal of Policy and Practice in Intellectual Disabilities,2010,7:235-23.

③　王欣宜. 高职阶段智能障碍学生社交技巧教学成效之研究[J]. 台中教育大学学报,2005,19(2):49-71.

④　Murat B,Sabah B. Employment of the workforce with disabilities in the hospitality industry [J]. Journal of Sustainable Tourism,2011,19(1):35-57.

⑤　颜景庚、李晓虹. 构建残疾人职业技能培训社会支持体系的研究——基于济南市残疾人职业技能培训实践的探索[J]. 中国成人教育,2018(06):87-91.

准备食物和清洁等技能,以及工作任务之间的转换等①。本节将主要探讨 SGD 与各类干预策略相结合的干预效果,所涉及的干预策略主要集中在行为技能训练、视频提示、音频提示、自我教导等,以及这几种方法间的组合。

1.行为技能训练(Behavioral Skills Training,BST)

BST 以社会学习为理论基础,教学元素主要包括:(1)教师示范,即以角色扮演、故事或录像等方式给学生提供示范;(2)技能元素回忆与讨论,即对所观看的示范动作进行回忆与讨论;(3)演练,即学生操作演练,再现教师示范动作的过程;(4)反馈,即对学生的表现给予反馈以强化正向行为②。Handley 等人的一项研究中,采用 BST 结合视频提示的形式对4 名智障学生进行了为期三周的社交技能干预,每周干预两次,并采用跨行为多基线设计来检验干预在训练和泛化情境中对实验参与者社交技能水平的影响。结果表明,4 名智障学生在训练和泛化情境中的社交技能水平均有显著提高,而教师对参与者技能水平的评分则进一步表明,社会技能已泛化到非训练环境中③。

2.视频提示(Video Prompting,VP)

视频提示是将所要学习的技能的每一个步骤都单独录制成视频短片,并将这些短片输入到含有提示软件的移动设备中,使用者能够一边观看提示视频一边工作④。有研究表明,智障学生有很强的视觉加工能力,相对听觉而言,他们对视觉信息表现出更多偏爱,倾向于以视觉输入的方式来接收外界信息。Cannella 等人通过 iPod Touch 呈现的自我指导视频

①　Van Laarhoven T,Carreon A,Bonneau W,et al. Comparing mobile technologies for teaching vocational skills to individuals with autism spectrum disorders and/or intellectual disabilities using universally-designed prompting systems[J]. Journal of Autism and Developmental Disorders,2018,48(7):2516-2529.

②　Poche C,Brouwer R,Swearingen M. Teaching self-protection to young Children[J]. Journal of Applied Behavior Analysis,1981(2):169-176.

③　Handley O,Roderick D,Ford W B,et al. Social skills training for adolescents with intellectualdisabilities:A school-based evaluation[J]. Behav Modif,2016,40(4):541-567.

④　Nurgül A,Esin P. The Effectiveness of video prompting in teaching children with autism the skill of drawing a six-part person[J]. Journal of Developmental and Physical Disabilities,2020(4):1-15.

提示对 4 名中重度智力障碍青少年工作任务完成度进行干预。学生们被教导使用教师提供的视频提示以完成清洗桌子的工作任务,在至少 3 个连续操作程序的正确率达到 80%之后,研究者使用最少至最多提示的系统来教学生独立使用 iPod Touch 和视频提示应用程序。结果显示,4 名学生都学会了使用视频提示来帮助自己完成清洗桌子的工作任务。该研究进一步表明,视频提示策略与 SGD 结合可以有效地教授智障学生掌握职业技能[①]。

3.音频提示

音频提示主要是指通过语音指导的形式对个体进行干预。Allen 等人在视频提示的基础上,加入音频提示对智障学生进行职业技能训练。在观看完视频之后,被试们戴上耳机,由商场服务员对被试进行持续的口语提示,以执行与人握手、挥手、击掌等行为。结果显示,相比于视频提示,音频提示在智障学生职业技能干预中成效更为显著[②]。Bennett 等人探讨了使用音频提示提升发展性障碍者职业技能的成效,研究者将职业技能分解成详细的操作步骤,然后将音频输入到装置中。所输入的音频中包括:前事提示、错误提示以及完成提示。前事提示在被试错误执行两次操作步骤之后,并在第三次操作之前启动,错误提示出现在被试错误执行操作步骤时,而完成提示则在所有操作步骤被完成时出现,以对被试进行激励强化。实验中,研究者观察被试反应并记录被试操作步骤的执行情况,结果显示,被试习得目标技能,并且取得了良好的泛化效果[③]。此外,Bennett 等人还采用跨被试跨工作任务的多基线设计来评估音频提示策略对智障学生工作任务完成度的影响,结果表明,被试在工作表现上有

---

①　Cannella-Malone H I,Brooks D G,Tullis C A. Using self-directed video prompting to teach students withintellectual disabilities[J]. Journal of Behavioral Education,2013,22(3):169-189.

②　Allen K D,Burke R V,Howard M R,et al. Use of audio cuing to expand employment opportunities foradolescents with autism spectrum disorders and intellectual disabilities[J]. Journal of Autism & Developmental Disorders,2012,42(42):2410-2419.

③　Bennett K D,Honsberger T. Further examination of covert audio coaching on improving employment skills among secondary students with autism[J]. Journal of Behavioral Education,2013(2):103-119.

了实质性的改善,并且在干预措施撤除后,这些改善维持了 4~5 周①。王怡婷运用笔记本电脑提供图片加上音频提示作为教材,不仅能有效地教导职业技能,也降低了其学生的依赖性②。综上可知,在职业技能干预中采用音频提示策略可以有效提升智障学生的职业技能水平。

4. 自我教导

自我教导是指使用"自我对话",并借助图片提示、音频和视频提示等自我教学材料减少对成人教学的需求,同时为完成多步骤的工作任务提供支持。Meichenbaurn 等人将自我教导策略分为五个步骤:(1)认知示范(Cognitive Modeling):教导者在对目标行为进行示范时,说出行为内容,学习者从旁观察学习;(2)外在引导(External Guidance):教导者一边示范,一边引导学习者跟着一起做,并说出行为内容;(3)外在自我引导(Overt Self-guidance):学习者说出行为内容并教导自己;(4)逐渐消退的外在自我引导(Faded Overt Self-guidance):学习者降低音量,轻声地说出行为内容并教导自己,并将其逐渐转化成为正向内言;(5)内在自我教导(Covert Self-instruction):学习者借助内在语言,引导自己达成行为目标③。Smith 等人发现自我教导对智障学生而言是一项关键技能,因为一旦掌握,个人就能够学习其他技能,而不再依赖照顾者或教育者的指导。例如,通过教师直接指导洗衣服的学生将只知道如何洗衣服。相反,当教师指示同一学习者学习使用移动设备(如智能手机)以观看和模仿视频时,他们可以自学其他技能(如刷牙、煮咖啡、复印文件)。获得这种关键技能(即通过移动设备的自我提示)最初可能比仅仅直接教授洗衣技能需要更多的训练时间④。然而,该技能在一系列类似环境中具有普遍实

① Bennett K, Brady M P, Scott J, et al. The effects of covert audio coaching on the job performance of supportedemployees[J]. Focus on Autism and Other Developmental Disabilities, 2010, 25(3):173-185.

② 王怡婷. 掌上电脑在智能障碍者教学上的应用[J]. 特教园丁, 2009, 25:17-22.

③ Meichenbaum D H, Goodman J. Training impulsive children to talk to themselves: A means of developingself-control[J]. Journal of Abnormal Psychology, 1971, 77(2):115-126.

④ Smith K A, Shepley S B, Alexander J L, et al. The independent use of self-instructions for the acquisition of untrained multi-step tasks for individuals with an intellectual disability: A review of the literature[J]. Res Dev Disabil, 2015, 40:19-30.

用性,学习者可以使用自我提示获得新技能以及协助其长期习得并维持技能。在移动设备上使用视频或其他支持的自我提示是一项关键技能,可以通过减少对成人支持的需求来增加智障学生的独立性。Smith 等人的另外一项研究评估了 4 名自闭症和智障学生如何在任务指导下开展自我教导以进行未经训练的任务。研究结果表明,4 名参与者均学会了自我教导,其中 2 名还将自我教导泛化到其他情境中①。通过移动设备进行自我教导是智障学生的一项关键技能,可以减少对成人支持的需求,增加自身的独立性。

5.综合方法

除单独使用上述干预策略来开展职业技能干预外,越来越多的研究综合了多种方法策略,如综合使用行为技能训练、视频提示、音频提示、虚拟现实技术等来培训面试技巧②;综合使用图片提示结合自我教导的策略教授工作技能③,研究结果均表明干预具有显著效果。基于技术的干预采用了许多与直接教学相同的方法,除了设备之外,还可以通过现场直接教学示范进行干预。例如,可以将提示层次结构、时间延迟、强化反馈、响应提示或先前通过直接指导者提供的建模嵌入到 SGD 设备中,通过系统教学的方法教授智障学生掌握职业技能。

基于 SGD 自身的语音输出功能和图片符号系统,无论是行为技能训练中的示范教学、视频提示策略中的录像示范、音频提示策略中的语音输出,还是自我教导策略中对多步骤工作任务分解的图片提示,这些功能或要求都可以在 SGD 中得以实现。因此,在应用 SGD 提升智障学生职业技能的干预中,研究者可考虑将 SGD 与视频提示、音频提示、自我教导或综

①　Smith K A, Ayres K A, Alexander J, et al. Initiation and generalization of self-instructional skills in adolescentswith autism and intellectual disability[J]. Journal of Autism and Developmental Disorders,2016,46(4):1196-1209.

②　Strickland D C, Coles C D, Southern L B. Job TIPS:A transition to employment program for individuals withautism spectrum disorders[J]. Journal of Autism & Developmental Disorders, 2013 (10):2472-2483.

③　Copeland S R, Hughes C. Acquisition of a picture prompt strategy to increase independent performance[J].Education and Training in Mental Retardation and Developmental Disabilities,2000,35 (3):294-305.

合方法结合运用,一方面可以进一步验证上述干预策略在智障学生职业
技能干预中的应用成效,另一方面也可以进一步拓展 SGD 职业技能干预
的研究领域。

　　综上可知,SGD 技术对于智障学生语言障碍的干预具有积极作用,也
逐渐在智障学生就业转衔中发挥作用。现有研究中,针对 SGD 的干预研
究主要聚焦于利用该设备对智障学生职业技能或生活技能进行干预,但
对于就业转衔中发挥重要作用的社会交往方面的干预相对较少。因此,
未来还需要加强对 SGD 在提升智力障碍人士社会交往技能等成效相关
研究,为其就业转衔的顺利进行提供有效的支持辅助技术。

主要参考文献

[1] 陈丽如. 特殊儿童鉴定与评量[M]. 台北:心理出版社,2001.

[2] 陈小娟,张婷. 特殊儿童语言与言语治疗[M]. 南京:南京师范大学出
版社,2015.

[3] 林宝贵. 语言障碍与矫治[M]. 台北:五南图书出版股份有限公
司,2002.

[4] 刘春玲. 弱智儿童语音发展研究[J]. 中国特殊教育,2000,2:31-35.

[5] 锜宝香. 儿童语言障碍理论、评量与教学[M]. 台北:心理出版,2006.

[6] Achmadi D,Sigafoos J,Van Der Meer L,et al. Acquisition,preference,
and follow-up data on the use of three AAC options by four boys with
developmental disability/delay [J]. Journal of Developmental and
Physical Disabilities,2014,26(5):565-583.

[7] Bloom L,Lahey M. Language development and language disorders[M].
New York:Macmillan,1978.

[8] Gevarter C,Zamora C. Naturalistic speech-generating device interventions
for children with complex communication needs:A systematic review of
single-subject studies [J]. American Journal of Speech-Language

Pathology,2018,27(3):1-18.

[9] Lorah E R,Karnes A,Miller J,et al. Establishing peer manding in young children with autism using a speech-generating device[J]. Journal of Developmental and Physical Disabilities,2019,31(2):791-801.

[10] Meer L,Rispoli M. Communication interventions involving speech-generating devices for children with autism:A review of the literature [J]. Developmental neuro rehabilitation,2010,13(4):294-306.

[11] Nicolosi L,Harryman E,Kresheck J. Terminology of communication disorders:Speech-language-hearing [M]. Lippincott Williams & Wilkins,2004.

[12] Paterson H,Carpenter C. Using different methods to communicate:How adults with severe acquired communication difficulties make decisions about the communication methods they use and how they experience them[J]. Disability and Rehabilitation,2015,37(17):1522-1530.

[13] Stancliffe R J,Larson S,Auerbach K,et al. Individuals with intellectual disabilities and augmentative and alternative communication:Analysis of survey data on uptake of aided AAC,and loneliness experiences[J]. Augment Altern Commun,2010,26(2):87-96.

[14] Szu-Han Kay Chen,Katya Hill,孙克兴,等. 辅助沟通系统概要[J]. 中国康复理论与实践,2012,18(09):898-900.

[15] Wendt O,Hsu N,Simon K,et al. Effects of an iPad-based speech-generating device infused into instruction with the picture exchange communication system for adolescents and young adults with severe autism spectrum disorder[J]. Behavior Modification,2019,43(6):898-932.

实践篇

第三章

SGD 对智障学生就业转衔的干预机制

在党和政府日益重视智障学生就业转衔服务的背景下,众多科研工作者和一线实践人员开始尝试将 SGD 作为智障学生沟通的替代方式或者辅助方法,致力于提升智障学生的沟通能力。经过数十年的发展,SGD 在智障学生就业转衔干预领域的应用也得到了一定的发展,如何使用 SGD 助力智障学生职业能力的发展,如何应用 SGD 有效支持智障学生实现就业转衔,帮助他们实现并维持就业,进而有尊严、有质量地参与并融入社会生活开始受到越来越多人的关注。本章将围绕 SGD 对智障学生就业转衔干预的实施机制等内容进行具体介绍,就实施过程和实施特点等进行分析。

第一节　SGD 干预的实施要求

为保障 SGD 在智障学生就业转衔干预服务中实施的有效性,实施 SGD 的服务团队成员要各司其职,相互配合;SGD 的干预对象应当具有基本的认知能力、动作能力、社交能力和求职动机;此外,SGD 的干预计划应当与智障学生的个别化教育计划和个别化就业转衔计划相联系,贯穿并渗透在智障学生的学习、工作和生活中。

一、服务团队

虽然不同国家对 SGD 服务实施的具体要求有所不同,但目标都是帮助残障个体提高沟通交往能力,促进他们生活质量水平的提升。一般而言,对智障学生实施 SGD 干预前,我们需要组建专门的服务团队对特定个体提供针对性的、个性化的服务。SGD 干预服务团队一般包括 SGD 使用者、SGD 专业人员、SGD 协调者、其他支持人员等,其中 SGD 使用者和专业人员是团队的核心成员,团队成员间相互配合、各司其职(表 3-1)。

表 3-1　SGD 服务团队成员及主要职责

团队人员	主要职责
SGD 使用者	提供自己在沟通和职业技能提升方面的需求;参与以下几个方面的决策:个人护理及医疗护理、生活选择与目标、职业选择和培训、社交关系以及与 SGD 干预有关的选择等。
SGD 专业人员	实施 SGD 干预;在干预中整合低技术 SGD 材料;监控 SGD 干预技术手段的影响;为获取干预技术寻求资金支持;寻找合适的 SGD 辅助者并为其提供支持;指导沟通同伴;合作以支持 SGD 研究;支持 SGD 专业组织和活动等。
SGD 协调人员	为 SGD 使用者提供日常辅助;支持 SGD 干预的实施;协助 SGD 使用者与不熟悉的同伴进行沟通;准备低技术材料;辅助智障学生选择和编码设备上的单词与信息;检查 SGD 设备以确保设备正常工作;联系其他人员和设备制造商等。
SGD 其他支持人员	与 SGD 专业人员沟通;为 SGD 协调人员提供信息和指导;维护 SGD 技术;支持并辅助实施 SGD 服务与干预等。

(一)SGD 使用者

SGD 使用者是团队的重要成员,他们的角色通常会随着自身生理心理成熟度的变化、能力的变化(提高或衰减)而有所调整。一般而言,他们应尽可能参与以下几方面的决策:个人护理及医疗护理、生活选择与目标、职业选择和培训、社交关系及与 SGD 干预有关的选择等。

(二)SGD 专业人员

虽然各国尚未建立专门的 SGD 专业团队,但是 SGD 作为 AAC 的一个类别,智障学生的 SGD 干预服务主要由 AAC 干预服务团队提供。他们的主要职责包括:指导服务团队的其他成员及利益相关者学习 SGD 的知识,设计并实施个性化的、不同难度的 SGD 干预。此外,部分 SGD 专业人员还承担起 SGD 专家的一些职责,如为普通执业者和其他专业人员提供相关培训、参与 SGD 干预的研究等。

（三）SGD 协调人员

SGD 协调人员一般由 SGD 使用者的家庭成员、朋友、同事、教师、就业辅导员以及其他沟通频繁的同伴担任。一般而言，SGD 协调人员需要承担为 SGD 使用者提供日常辅助、支持并辅助专业人员实施 SGD 干预、检查 SGD 设备更新信息等职责。不同的 SGD 协调人员所承担的职责可能会有所差异，例如，SGD 使用者的家庭成员可能是检查 SGD 设备、联系其他人员和设备制造商等职责的主要承担人员，SGD 使用者的朋友、同事等可能会更多地承担支持 SGD 使用者与不熟悉的同伴进行沟通、辅助他们选择和编码设备上的单词与信息等职责。值得注意的是，协调人员的角色是支持 SGD 使用者尽可能实现独立沟通，而不是替代其完成沟通，对于 SGD 使用者沟通行为介入应遵循"最少提示"原则。

（四）其他支持人员

其他支持人员包括普通执业医师、言语语言病理学家、作业治疗师、教师、非专业教育工作者以及其他从事教育、健康护理和社区工作的相关人员等。他们并不从事专门的 SGD 工作，但在为 SGD 使用者提供医疗和教育服务的过程中，通常需要他们与 SGD 专业人员沟通，为 SGD 服务团队提供信息和指导、维护 SGD 技术、辅助实施 SGD 干预等支持和服务。

值得注意的是，SGD 服务团队必须基于大量的信息做出干预决策，这些信息不仅包括个体在当前沟通策略上操作能力、语言能力、社交能力及策略使用能力的信息，还包括有关个体认知能力、情绪特征、动作能力、职业技能等信息。智障学生及其重要家庭成员是提供相关信息的主要来源以及评判 SGD 干预效果的重要指标，是成功实施 SGD 干预的关键成员，必须将其纳入 SGD 服务团队。同时，SGD 服务团队必须明确当前和未来的沟通情境和工作场景，在确认并尊重智障学生及其家庭或监护人需求和偏好的基础上，提供 SGD 的干预服务。

二、被干预者

在对智障学生实施 SGD 干预前，应当先确定其是否具备接受 SGD 干预的能力基础和基本的职业意向，包括基本的认知能力、动作能力、社交能力和求职动机。

(一)认知能力

智障学生记忆水平、元认知、符号表征等认知能力应达到能够操作 SGD 的水平,例如,能够有效记忆图片内容和操作步骤等;能够理解物品功能性,如知道"杯子"的功能含义是"喝水";具备接受性命名的能力,如对智障学生提问"这是一个什么?"并展示苹果的图片,智障学生能够在呈现的多种物品中准确找到苹果的实物;具备灵活使用 SGD 系统的策略潜力,即 SGD 使用者在出现沟通失败时能够使用不同的调整策略或应对策略。

(二)动作能力

智障学生手指、手、头和眼睛运动的范围和准确性应达到能够较好地操作 SGD 设备的水平。例如,智障学生应具备操作锁屏、前进、返回等按钮的动作技能;能够准确地点击屏幕中不同目标图片;能够手动滑动屏幕页面等。

(三)社交能力

社交能力是指进行社交互动的技能,如发起、维持、发展和结束沟通互动等技能[1]。实施 SGD 干预要求 SGD 使用者具备社交语言和社交关系方面的知识、判断,如"何时说话、何时不说话、说什么、和谁说、什么时候说、在哪里说、用什么方式说的能力"[2],除此之外,也要求 SGD 使用者具备有关社会交往的积极态度和基本技能,包括积极的自我意识、对他人感兴趣并且有沟通的意愿、积极参与对话的能力、能够对沟通同伴做出回应的意识和能力、基本的沟通礼仪等[3]。

---

[1]　Beukelman D R,Mirenda P.扩大和替代沟通:支持有复杂沟通需求的儿童与成人[M]. 蓝玮琛,等译. 4 版. 北京:华夏出版社,2020.

[2]　Hymes D H. On communicative competence[M]. Philadelphia:University of Philadelphia Press,1972:277.

[3]　Light J,Binger C. Building communicative competence with individuals who use augmentative and alternative communication[M]. Baltimore,MD:Paul H. Brookes Publishing Co,1998.

(四)求职动机

智障学生具备求职动机是实施 SGD 干预的一项基本要求。求职动机是预测个体是否能够实现就业的重要因素①,不少就业转衔机构在评估被干预者是否适合转介时将其作为最重要的标准②。智障学生应具备基本的职业意向和求职动机,愿意学习基本的职业技能、参与劳动活动;有意愿寻求工作和维持就业,以及有使用 SGD 辅助就业的意愿。

三、干预计划

智障学生的 SGD 干预应当嵌入到学生的个别化教育计划、个别化转衔计划之中,成为学生教育转衔中的重要组成部分。SGD 干预实施要求对教育和培训的内容、过程等方面作出适当调整,以帮助智障学生掌握并使用 SGD 提高沟通技能和职业技能,成功实现就业转衔。

(一)嵌入个别化教育计划

智障学生的个别化教育计划要求确定适合每一位学生的教育发展目标(如基础文化科学、社会适应、职业教育等教育目标)及每个目标的达成标准,并施以教学和支持策略。在制订智障学生的个别化教育计划时,决策者应当将 SGD 的干预与个别化教育计划教育目标相结合,作为智障学生教育培训的重要部分(表 3-2)。一般而言,SGD 干预嵌入个别化教育计划教育目标的具体要求如下:

1.制订顺序性的 SGD 干预目标

依据 SGD 服务团队以及其他学校重要相关人员的建议,为智障学生确定顺序性的 SGD 干预目标。例如,能够使用 SGD 回答"是""否",能够在课堂上使用 SGD 表达自己的观点,能够使用 SGD 完成一篇小作文等循序渐进的目标等。

---

① Beyer S,Goodere L,Kilsby M. The costs and benefits of supported employment agencies in Britain[M]. London:Stationery Office,1996.

② Rose J,Saunders K,Hensel E, et al. Factors affecting the likelihood that people with intellectual disabilities will gain employment[J]. Journal of Intellectual Disabilities,2005,9(1):9-23.

2.SGD 干预与课程目标相结合

将 SGD 干预与每个课程(如,生活语文、生活数学、职业教育等课程)相结合,并至少制订一个相关的学期教育目标,包括核心能力目标和个别化目标。核心能力目标是指适用于所有年级学生的一般课程目标,个别化目标则是能够反映上述关键能力的特有目标。如,职业教育课程目标中核心能力目标为:学生将展现辨认出某一系统组成零件的能力,并且理解组成零件在系统中的关联性;个别化目标:个体使用 SGD 辨认出物体或系统的组成零件,并且能够描述这些零件在系统中的关联性。

3.制订 SGD 干预目标评估标准

制订评估标准来对学生的干预效果进行评量,确保课堂的配置和活动能达到每个教学目标。如,在生活语文某一课程中,个体能够使用 SGD 表达至少 3 个句子来汇报自己的阅读感悟。

4.支持和调整教育内容和过程

确定智障学生的特殊需要和支持,为保证智障学生能够达成这些目标和目的,提供相应的支持和调整。如,智障学生在使用 SGD 完成一篇作文时,可为其寻找一名同学将其语言整理成文字。值得注意的是,在为智障学生提供帮助和支持时,需要遵循"最少支持"原则,即不能提供该学生能力范围内的支持和服务。

表 3-2　SGD 嵌入个别化教育计划的目标案例

生活语文
学期目标:提高学生的听、说、读、写能力。 个别化目标:能够通过使用 SGD 提高沟通交流能力和阅读写作能力。 课程目标: • 能够使用 SGD 回答课堂上的"是/否"问题:能够使用 SGD 回答老师"图片中秋天的树叶是绿色的吗?"的问题。 • 能够使用 SGD 背诵诗歌、课文等:能够使用 SGD 流畅地背诵《树叶落了》的课文。

续表

生活语文
• 能够使用 SGD 表达自己的观点:能够使用 SGD 说至少三句话来表达自己对秋天的态度。 • 能够使用 SGD 写作:在同伴语音转字的辅助下,能够使用 SGD 撰写一篇《秋游》的作文。 　……
生活数学
学期目标:能够进行 100 以内的计算,并运用到生活场景中。 个别化目标:能够掌握 100 以内的加减运算,通过使用 SGD 提高生活中的计算能力。 课程目标: • 能够使用 SGD 呈现计算结果:能够使用 SGD 回答"37+25＝"的结果。 • 能够使用 SGD 认识生活中与数字相关的物品:能够使用 SGD 区分不同面值的人民币,并理解人民币的功能。 • 能够使用 SGD 解决生活问题:能够使用 SGD 在模拟商店场景中完成购买文具的任务。 　……
职业培训
学期目标:能够辨认出某一系统组成零件,并且理解组成零件在系统中的关联性。 个别化目标:能够使用 SGD 辨认出物体或系统的组成零件,并且能够描述这些零件在系统中的关联性。 课程目标: • 能够使用 SGD 区别不同零件:能够使用 SGD 区别螺母、螺帽、木板、木条等。 • 能够使用 SGD 描述不同零件的功能:使用 SGD 描述螺母、螺帽、木板、木条的作用。 • 能够使用 SGD 演示不同零件的联系:能够使用 SGD 说明并演示如何使用螺母、螺帽、木板、木条组装一个书架。 　……

（二）嵌入个别化就业转衔计划

就业转衔计划的制订大体上还是遵循个别化教育计划的基本原则和程序①,将 SGD 嵌入就业转衔计划与个别化教育计划类似,主要包括在智障学生职业教育和实习工作两部分嵌入 SGD 干预内容,并制订相关活动目标(表 3-3)。

表 3-3　SGD 嵌入个别化就业转衔计划的目标案例

求职面试培训
一般目标:能够掌握基本的面试礼仪。
个别化目标:能够在 SGD 的辅助下完成基本的面试。
子目标:
● 能够使用 SGD 主动与面试者打招呼,面试结束后与人道谢、道别等。
● 能够使用 SGD 进行简短的自我介绍,包括姓名、年龄、家庭住址、联系方式、兴趣爱好和能做的工作等内容。
● 能够在家人的协助下,使用 SGD 协商工作安排,如商议工作地点、工作内容、工作时间、劳动报酬、社会保险及福利、员工培训和交通等内容。 ……
熟悉工作环境和同事
一般目标:能够熟悉工作环境,掌握与同事交往的基本礼仪。
个别化目标:能够在 SGD 的辅助下熟悉工作环境并能与同事进行日常交流。
子目标:
● 能够根据 SGD 的提示,理解工作环境的各个地点及功能,知晓签到处、洗手间、主要工作场所等地点位置并描述在各个场所应作出的正确反应和行为。
● 能够使用 SGD 主动与同事打招呼、工作结束主动报告去向。
● 能够在需要帮助的情况下,使用 SGD 向同事请求帮助。 ……

SGD 干预实施要求个别化就业转衔计划的相关决策者在理解智障学

---

① 林潇潇,邓猛.美国学习障碍学生的转衔及对我国特殊教育的启示[J].中国特殊教育,2014,(3):42-47.

生个体身心特征的情况下,确定与 SGD 相关的就业转衔目标。在就业转衔目标上,依据所有学生普遍需要达到的一般目标,结合智障学生的实际情况和 SGD 干预情况,制订个别化目标。如,一般目标:能够掌握基本的面试礼仪,个别化目标:能够在 SGD 的辅助下完成基本的面试。

另外,SGD 干预实施要求在制订个别化就业转衔目标的基础上设定多个子目标,且子目标必须是具体的可测量、可评价的。如:个别化目标:能够在 SGD 的辅助下描述工作环境、与同事进行日常基本交流。子目标:(1)能够根据 SGD 的提示,理解工作环境的各个地点及功能,知晓签到处、洗手间、主要工作场所等地点位置并描述在各个场所应作出的正确反应和行为;(2)能够使用 SGD 主动与同事打招呼、工作结束主动报告去向;(3)能够在需要帮助的情况下,使用 SGD 向同事请求帮助。

第二节   SGD 干预的实施过程

在具体实施 SGD 干预的过程中,主要涉及的步骤包括以下五个方面:(1)组建服务团队,(2)评估个体与环境特征,(3)制订干预计划,(4)实施干预,(5)评价干预效果等(图 3-1)。具体而言,SGD 的实施首先需要组建以智障学生为中心的 SGD 干预服务团队,团队成员间相互沟通合作对智障学生进行评估,进而为 SGD 干预决策和服务等提供支持。其次,SGD 服务团队成员应广泛收集智障学生个体及其所处环境的相关资料,并对其现有能力、应用 SGD 的需求、相关偏好等个体情况以及所处环境的资源和氛围等情况进行评估。在充分了解智障学生与环境特征的基础上,召开 SGD 干预计划制订会议并明确 SGD 干预的具体方案,确定干预目标与内容、具体干预安排、结果评量标准等。在干预计划的基础上,相关干预人员对智障学生实施沟通技能和职业技能的干预,对协调人员进行干预技能的培训,最终引导智障学生将所学技能运用于实际情境中。最后,在 SGD 干预实施结束后,采用相关评量标准、评价工具对实施效果进行评价。若评价结果表明"有效",则将此作为智障学生的新起点,重新评估学生能力和需求,为智障学生下一步的干预措施制订新计划,根据智障学生的需求变化进入干预新循环。若评价结果表明"无效",服务团队则需反思干预团队的成员,核查并修订 SGD 干预措施和过程,消除潜在的不利影响因素,确保干预效果的实现。

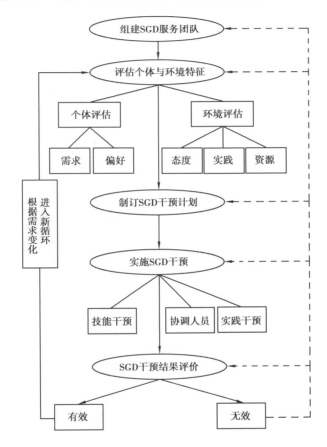

图 3-1　SGD 实施流程

一、组建服务团队

为就业转衔服务中的智障学生提供 SGD 干预,不是一个简单的活动,而是一个复杂的干预过程。在 SGD 专业人员的引导下,SGD 使用者、关键家庭成员以及 SGD 专业人员、提供 SGD 支持的辅助者之间密切联系,组建服务团队提供评估、决策、支持等服务。然而,团队成员人数并非越多越好,一些小规模的团队可能更为有效。相关文献表明,团队成员人数在4~6名比较理想,这样的规模既能确保干预观点的多样性,又能保证团队成员间的有效沟通①。此外,团队成员不是固定不变的,随着服务对象需求的变化,成员会发生变动。例如,在评估SGD系统的初期,一般仅需要1~2名团队成员。此后,团队需要邀请其他成员,如其他的具备专业技能的人员,共同讨论智障学生出现的沟通交流、职业培训等问题。

二、评估个体与环境

个体与环境特征评估主要是对个体的起点能力、需求与偏好以及对环境中的规章制度、支持资源、态度偏好等情况进行系统评估。评估一般秉承"多元和多源"的原则,"多元"即通过多种方式和手段去收集相关信息,如观察法、访谈法、标准化测验法等,"多源"即通过多种渠道,从不同的利益相关者获取多样化的信息,多种方法和信息相互补充,彼此印证,为干预计划的制订与实施提供决策依据。

(一)个体评估

1.需求评估

智障学生的需求评估对后续SGD的应用和干预具有重要的参考价值,最重要的两个评估内容为沟通能力和职业素养。沟通能力的评估是指评估智障学生当前的沟通情况、言语使用情况及潜力等。评估沟通能力需要了解个体当前的沟通行为与沟通交流的需求,这方面的信息可以借助问卷调查、行为观察、访谈等方式获取。目前主要被应用于评估的工具包括《沟通矩阵》(*Communication Matrix*; *Rowland*)、《扩大沟通的互动核查表(修订版)》(*Interaction Checklist for Augmentative Communication-Revised Edition*)、《潜在沟通行为》(*Inventory of Potential Communicative Acts*)、《SCERTS模式评估表》(*SCERTS Model Assessment forms*)、《社交网络:针对复杂沟通需求个体及其沟通同伴的沟通技能量表》(*Social Networks:A Communication Inventory for Individuals with Complex Communication*

---

① Johnson D W,Johnson F P. Joining together:Group theory and group skills[M]. Englewood Cliffs,N. J:Prentice-Hall. 1987

Needs and Their Communication Partners）等。

评估智障学生当前的沟通情况、言语使用情况及潜力等相关能力,有助于了解智障学生的沟通状况、沟通潜力以及个性化的需求等。如《沟通矩阵》在"表达身体状况""自我行为控制能力""表达需求"三大能力的七个水平(有意前行为、有意行为、非常规通信、常规通信、具体符号、抽象符号、语言)上评估智障学生的沟通能力(表 3-4)。干预人员在了解智障学生当前沟通能力的基础上,分析智障学生在该领域的优劣势,并结合个人及家庭的期望确定其干预需求。

表 3-4 《沟通矩阵》表达需求评估量表(节选)

表达需求				
1.个体是否能够向您表明他/她不想要某种东西或某种活动?				
是				否
身体运动(有意前行为)				
全身运动(扭动,转身离开)	未使用	刚出现	已掌握	
头部运动(把头转到一边或另一边)	未使用	刚出现	已掌握	
手臂或手部运动	未使用	刚出现	已掌握	
腿部运动(踢,戳脚)	未使用	刚出现	已掌握	
早期声音(有意行为)				
尖叫,呜咽	未使用	刚出现	已掌握	
面部表情(非常规通信)				
皱着眉头,鬼脸	未使用	刚出现	已掌握	
简单的手势				
推开对象或人	未使用	刚出现	已掌握	
传统手势和声音(常规通信)				
给你不想要的东西	未使用	刚出现	已掌握	
摇头"不"	未使用	刚出现	已掌握	
具体发声"唔"(表示拒绝的声音)	未使用	刚出现	已掌握	

育教学部开设办公文员专业，为能成为合格的办公室文员，学生需掌握基本办公软件，熟练使用打印机、复印机等常用办公设备。职业道德就是同人们的职业活动紧密联系的符合职业特点所要求的道德准则、道德情操与道德品质的总和。智障学生应具备遵守规则、热情友好、文明礼貌、遵纪守法等职业道德要求。

对学生职业素养进行评估，有助于服务团队了解智障学生当前具备的职业能力状况、发展潜力以及在该领域的干预需求，为 SGD 职业技能干预提供信息和依据，从而提高 SGD 干预效果，促进智障学生顺利就业。这方面信息的收集可以借助相关的问卷调查、行为观察、访谈等评估方式，如《转衔计划量表第二版》（*Transition Planning Inventory—Second Edition*，简称 TPI-2）、《TEACCH 转衔评估概要》（*TEACCH Transition Assessment Profile*，简称 TTAP）等量表。如表 3-5 所示，《TEACCH 转衔评估概要》包含针对智障学生职业技能、职业行为观察量表，以评估学生职业素养以及职业技能情况。此外，由于不同的职业类型对于职业技能会有不同的要求和标准，所以在进行评估时，需要对智障学生工作能力进行针对性的评估。评估者可以自制职业技能评估量表，同时对智障学生的职业行为进行观察，以获得更具针对性的信息。

表 3-5　TEACCH 评估职业能力观察量表（节选）

职业技能	P	E	F	备注
145 产品分类				
146 遵循装配图				
147 按照符号归档				
148 使用简单的机器和工具				
149 按大小分类				
150 测量				
151 打包				
152 清理自己的工作区域				
153 填满容器				
154 依据列表核对项目				

续表

职业技能	P	E	F	备注
155 根据仪表、计时器、按钮操作设备				
156 举起和移动物品				
职业行为	P	E	F	备注
157 工作稳定				
158 以一致的速度工作				
159 正确完成任务				
160 控制工作中的情绪				
161 尊重财产、规章制度				
162 保持与他人的工作距离				
163 认可权威人士				
164 组织工作材料以协助执行				
165 在工作区的任务之间进行独立的转换				
166 在休息时间表现得体				
167 根据指示更正错误				
168 适应日常生活的变化				

注:P 表示"passing",即"已达到的能力";E 表示"emerging",即"正在出现的能力";F 表示
　"failing",即"未达到的能力"。

2. 偏好评估

对智障学生实施 SGD 干预前,需要评估智障学生的强化物偏好、个人及家庭对 SGD 系统的偏好。调查智障学生的强化物偏好也是个人评估的重要部分,利用由教师和家长共同填写的强化物调查表,了解对被试有效的强化物品或方式。调查范围包括被试的正强化物(最喜欢)和负强化物(最不喜欢)。一方面,可为干预中强化物品的选择提供参考;另一方面,也可尽量避免干预中出现被试不喜欢的物品或行为对其造成干扰,从而保障干预效果。

其中,智障学生及其家庭关于 SGD 系统的偏好和态度是 SGD 干预和应用的一项重要考量因素,影响智障学生及其家庭对 SGD 系统的偏好和

态度的因素主要包括:(1)系统的可携带性、耐用性以及外观吸引力等;(2)SGD 中言语输出的质量和可理解度;(3)通过系统所实现的沟通的"自然性"。如果智障学生及其家庭成员担心 SGD 设备的使用会让自己(孩子)看起来与普通同伴更加不一样,可能在 SGD 设备选择上倾向于"自然设备",如日常生活中常见的平板电脑 iPad、MatePad 等。此外,许多研究已表明重度智力障碍或自闭症儿童与青少年能够对他们所使用的 SGD 系统表现出喜恶①。所以,在 SGD 设计上也需要充分考虑智障学生的喜好,如根据智障学生喜好设置卡通人物和喜欢的主题等。

(二)环境评估

1.SGD 应用规则评估

SGD 应用规则评估主要是评估智障学生所处环境的相关管理制度与实践情况。智障学生所处的学校、工作场所、寄宿中心、医院、康复中心以及护理之家等机构的管理政策会对智障学生使用 SGD 产生重要影响。例如,部分教育机构和学校可能对智障学生采取隔离安置的管理办法,智障学生不能被安置在普通教育班级里参与普通教育课程。这不仅限制了智障学生与普通学生接触的机会,而且极大地限制了智障学生与普通学生沟通的机会。类似的情况也会出现在庇护式工作场所、残疾人就业培训机构以及其他专为残疾人设置的安置环境中。实践情况评估是评估家庭、学校或工作场所中的规程或惯例对智障学生使用 SGD 造成的影响。例如,部分学校为智障学生提供 SGD 设备和干预时,学校老师或行政人员可能会限制智障学生的使用范围和时间,不允许智障学生将他们的 SGD 设备带回家或工作场所等。

2.SGD 资源支持评估

SGD 资源支持评估主要评估智障学生应用 SGD 的相关政策、资金、知识技能等资源,包括国家和当地政府、学校、工作场所、所处社区等地的相关资源,SGD 使用者所处的家庭、社会环境等能够提供的资金,以及家

---

① Canella-Malone H, DeBar R M, Sigafoos J. An examination of preference for augmentative and alternative communication devices with two boys with significant intellectual disabilities [J]. Augmentative and Alternative Communication, 2009(25):262-273.

庭成员、协调人员或其他相关人员的知识技能。其中,知识技能领域的评估对智障学生的 SGD 应用尤为重要,直接影响智障学生在就业转衔过程中应用 SGD 的机会和效果。潜在沟通同伴和协调人员的技能和能力也是评估的重要内容,因为如果沟通同伴不知道如何与 SGD 使用者适当地互动,沟通质量将会相应地受损。协调人员也在许多方面影响着沟通系统的使用。如果协调人员没有支持 SGD 系统使用所需的技能或责任感,将会对 SGD 使用者产生负面影响①。一般而言,协调人员需要具备对 SGD 设备进行编码、使用和维护的操作能力,例如,操作沟通界面的能力、在自然情景中应用 SGD 干预的能力②、教导智障学生形成良好的社交和策略的能力等。若协调人员缺乏足够的知识技能,必然会影响 SGD 干预效果。因此,评估智障学生家庭成员、协调人员或其他相关人员的知识技能是后续培训相关人员、保障 SGD 干预效果的重要参考。

3.SGD 应用态度评估

SGD 应用态度评估主要评估父母、亲友、同事、就业辅导员、专业人员、同伴等相关人员对使用 SGD 智障学生的态度与信念。相关人员的态度一般不会直接表露出来,更多时候是微妙的、不易观察的,需要相关评估者深入地评估,以了解相关人员对智障学生应用 SGD 实现就业转衔所持的态度。消极的态度可能会降低 SGD 团队成员对智障学生的期望,限制个体获得沟通和参与普通同伴活动的机会。因此,评估者应对此保持敏感和警惕,并在后续工作中进行必要的教育和干预。

目前针对智障学生 SGD 应用环境、支持、资源方面的标准化评估方式尚未得到充分的发展。由于评估内容的差异性、复杂程度较大,目前关于该方面的评估以依靠服务团队访谈、观察和非标准化的评估方式为主。

---

①　Galvin J C,Donnell C M. Assistive technology:Matching device and consumer for successful rehabilitation [M]. Washington,D. C:American Psychological Association,2002:153-167.

②　Light J,Binger C. Building communicative competence with individuals who use augmentative and alternative communication[M]. MD:Paul H. Brookes,1998.

三、制订干预计划

为智障学生制订的 SGD 就业转衔干预计划应当包含干预内容和目标、干预工具、干预人员、干预场所、干预时间表、相关的调整与支持以及结果评量标准等内容。具体而言,在制订干预计划的过程中,首先应确定干预内容和目标。智障学生 SGD 就业转衔干预内容和目标,应当结合智障学生的沟通技能和工作技能两个重点,聚焦智障学生工作相关沟通能力和职业技能。另外,干预目标是检验干预成效的重要依据,必须是具体的可测量、可评价的。以智障学生清扫地面的工作技能为例。干预人员可设置目标:能够使用 SGD 提出休息片刻的需求,能够使用 SGD 回答老师"需要什么奖励?"的问题,能够在 SGD 的提示下完成清扫地面的任务等(表 3-6)。

表 3-6　地面清洁干预目标

地面清洁沟通与工作技能目标	
沟通技能目标	工作技能目标
1.能在缺少扫把时,使用 SGD 主动提出需要扫把的请求	1.准备清洁工具
2.能在缺少垃圾袋时,使用 SGD 主动提出需要垃圾袋的请求	2.套垃圾袋
3.在他人提问是否需要帮助时,能够使用 SGD 表达"老师,请帮帮我!"	3.由边角往中间扫
4.在他人提问是否需要帮助时,能够使用 SGD 表达"我不要,谢谢!"	4.垃圾集中,扫入簸箕
5.在他人提问"你要什么奖励?"时,能够使用 SGD 回答"我要棉花糖。"	5.将垃圾倒入垃圾桶
6.在他人提问"你要棉花糖吗?"时,能够使用 SGD 表达"我不要棉花糖。"	6.用水桶接水
7.在他人提问"你要休息一会儿吗?"时,能使用 SGD 回答"我要休息一会儿!"	7.浸湿拖把
8.在他人提问"你要休息一会儿吗?"时,能使用 SGD 回答"我不要,谢谢!"	8.挤干拖把
	9.从左往右拖地

其次，选定干预工具。主要的 SGD 系统包括 Proloquo2Go、GoTalk Now、Tobii Dynavox、小雨滴以及语你同行等，干预人员在选择干预工具后还需要设置系统的界面、按键等以符合智障学生的特征和使用偏好。界面设计一般有固定界面、动态界面、混合界面以及视觉场景界面等。固定界面(也被称作静态界面)是指符号和项目可被"固定"在特定位置的界面。数字化言语生成技术和低技术的沟通板通常会用到固定界面，固定界面可以包含的符号数量是有限的，且取决于个体的视觉、触觉、认知和动作能力。动态界面指的是可以电子生成视觉符号的计算机屏幕界面，界面在被激活时，会自动地将屏幕上的选择集合改变至一组新的编码好的符号。混合界面是指带有动态元素的电子化固定界面。告知个体选择集合里哪些项目是可以激活的，指示灯就是一种动态元素。当个体激活序列里的第一个图标时，在界面屏幕上每个接下来可以选择的图标旁边都会亮起指示灯。在个体选择其中一个选项之后，指示灯便会变化，以指示接下来在序列里可能会出现的图标。视觉场景界面是描绘和表征一个情境、一个地方或者一次经历的图片、照片或视觉环境。人、动作和物品这些要素都可能出现在视觉场景里。无论使用的是哪一类界面，都需要明确干预信息以及确定针对不同项目的符号或编码策略，如确定界面呈现的词汇、图片、符号及其编排方式等。

另外，服务团队必须考虑选择界面和按键排版，注意界面排版按键的数量、图标按键的大小、项目的间距定位等。版面是由大大小小的按键组合而成，为了让 SGD 使用者能够方便快速准确地按压到按键，在设计时，就必须按照智障学生的认知能力、肢体动作能力及视觉能力来设计大小适中和格数适中的版面。在设计版面时，应该将词性相同的词汇群组化以方便智障学生找寻词汇或图片，如颜色编码等方法。除此之外，还应确定 SGD 的语音输出的形式和内容。录音一般可分为合成语音和真人录音两种，可根据实际情况进行选择。

接着，干预计划还应该确定干预人员、场所，制订干预计划时间表。干预人员可以是相关领域的专业人员或经过相关培训的教师、家长、同事、雇主、就业辅导员等，同时，还要注意对智障学生沟通伙伴及其相关辅助人员进行必要的培训,引导其参与和辅助智障学生的干预。对智障学生的 SGD 干预还应该确定干预场所,如教室、工作场所、家庭、社区等,并安排干预时间。最后,在必要时研究人员需要制订环境支持与调整的方案,教师、就业辅导员、用人单位等应制订相关的支持和调整方案,为智障学生 SGD 干预提供支持和便利。(表 3-7)

表 3-7　环境支持与调整方案简表

教师教学安排调整	用人单位工作安排调整
□调整全班教学的人数 具体措施: 	□帮助预先录好报告、常用语等 具体措施:
□调整全班小组划分安排 具体措施: 	□使用照片、图片、地图等提示工作流程 具体措施:
□调整合作学习小组数量 具体措施: 	□调整工作指导的形式和时间 具体措施:
□调整课堂作业数量 具体措施: 	□支持使用特殊提示表达"需要帮助" 具体措施:

续表

教师教学安排调整	用人单位工作安排调整
□调整课堂作业完成方式 具体措施： ＿＿＿＿＿＿＿＿＿＿＿＿＿＿ ＿＿＿＿＿＿＿＿＿＿＿＿＿＿ ＿＿＿＿＿＿＿＿＿＿＿＿＿＿	□调整工作汇报的形式和要求 具体措施： ＿＿＿＿＿＿＿＿＿＿＿＿＿＿ ＿＿＿＿＿＿＿＿＿＿＿＿＿＿ ＿＿＿＿＿＿＿＿＿＿＿＿＿＿
□调整测试或学习模式 具体措施： ＿＿＿＿＿＿＿＿＿＿＿＿＿＿ ＿＿＿＿＿＿＿＿＿＿＿＿＿＿ ＿＿＿＿＿＿＿＿＿＿＿＿＿＿	□其他 具体措施： ＿＿＿＿＿＿＿＿＿＿＿＿＿＿ ＿＿＿＿＿＿＿＿＿＿＿＿＿＿ ＿＿＿＿＿＿＿＿＿＿＿＿＿＿
□其他 具体措施： ＿＿＿＿＿＿＿＿＿＿＿＿＿＿ ＿＿＿＿＿＿＿＿＿＿＿＿＿＿ ＿＿＿＿＿＿＿＿＿＿＿＿＿＿	

四、实施 SGD 干预

对就业转衔智障学生实施 SGD 干预主要包括：（1）对智障学生沟通能力、职业能力的干预培训；（2）对智障学生所处环境中的辅助人员进行知识技能的培训；（3）指导智障学生将所学技能运用于实际学习、生活和工作中的实践干预培训。

（一）技能干预培训

个人技能干预培训参考杨炽康提出的"辅助沟通系统介入三部曲模式"[1]，将沟通技能干预训练方案分为图片教学和句型结构教学两个部分

---

① 杨炽康. 以活动为本位的辅助沟通系统介入三部曲模式：从无到有之创建历程[M]. 台北：华腾文化，2018：68-92.

（即三部曲中的前两部曲）。在结束句型结构教学后，教学者将 SGD 设备与"图片提示①+音频提示②+自我教导③"（即使用图片示范和语音输出结合的方式帮助被试在工作任务中进行自我指导）相结合，对智障学生进行 SGD 工作技能干预训练。

1.图片教学

图片教学的主要目的是减少儿童的认知负担，利用特殊教育的教学原理，逐步帮助智障学生建立符号和物品间意义的联结。

（1）教学准备

根据干预目标，进行活动中功能性词汇的分类，依据个案的能力将活动中功能性词汇分成不同的词类，为图片教学做好准备工作。此外，需依据词汇来制作图片的内容，包括实物、彩色照片、彩色线条、文字等。每一个教学单元的教学项目最好是在 3~5 个项目之间，以保障学习效果。

（2）教学任务

配对：依照实物对实物、实物对图片、图片对图片等步骤循序渐进地进行教学。如果智障学生的认知能力尚可，就可以考虑先用图片对图片的方式进行教学。如果能力较弱，就必须从实物对实物开始。指认：指认任务是指在几个对象当中，智障学生依据指令选择出正确的项目。通过选择的过程，可以了解智障学生对图片和词义间关系的理解程度。在教学过程中，智障学生从单张的图片指认进步到在一张版面中指认出正确的图像。仿读：仿读任务并不适合每一位智障学生，针对能力较好的智障学生，可让他念出图片所代表的名称，也就是命名的能力。如果能力稍微弱一点，就可以利用仿读，来诱发他的口语能力。

---

① Cihak D F, Kelby K, Alberto P A. Use of a Handheld Prompting System to Transition Independently Through Vocational Tasks for Students with Moderate and Severe Intellectual Disabilities [J]. Education and Training in Developmental Disabilities, 2008, 43（1）: 102-110.

② Bennett K D, Honsberger T. Further Examination of Covert Audio Coaching on Improving Employment Skills Among Secondary Students with Autism[J]. Journal of Behavioral Education, 2013（2）: 103-119.

③ Smith K A, Shepley S B, Alexander J L, et al. The independent use of self-instructions for the acquisition of untrained multi-step tasks for individuals with an intellectual disability: A review of the literature[J]. Research in Developmental Disabilities, 2015, 40: 19-30.

（3）教学步骤

上文的配对、指认及仿读教学步骤如图 3-2 所示。教学者先做教学示范，再设计活动让智障学生自行练习。在智障学生练习的过程中，适时给予强化回馈；若智障学生在练习中有困难或错误，可再次示范，待智障学生训练精熟后再进行评量，当各项目标行为（配对、指认、仿读）的 5 次测试中至少有 4 次正确时，再进入下一阶段句型结构的教学。

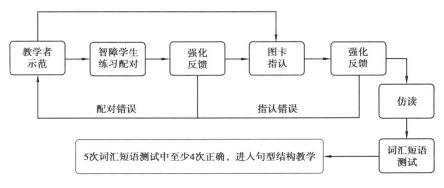

图 3-2　图片教学程序

2.构句教学

构句训练，主要是教导个案由浅至深的句型结构。由于智障学生各项能力参差不齐，所以对句型的设定应因人而异，如果能力比较弱，预先设定的句型就较为简单；反之，对于能力较好的智障学生，设定的句型就应更加复杂，如疑问句型。较常用的三种句型有：

①代词+动词+名词。如，我要拖把！

②代词+动词+形容词+名词。如，我要海绵的拖把！

③人称代词+社交词+代词+动词+形容词+名词。如，老师！请帮忙！我要海绵的拖把！

主要任务：

构句干预还需要考虑的因素是活动内容和沟通目的。例如：一个清扫地面活动和一个工具整理的活动，设定的句型就会有些不同。

①构句训练：教学者口头构句，念读词汇短语并构句，在口头构句的基础上，依次点选图卡，做构句示范。智障学生依据教学者的指令，点选图卡，进行构句练习。

②仿读：智障学生依据教学者指令，点选图卡进行构句，待语音输出后，模仿句子的发音，针对能力较好的智障学生，可让他在语音输出之前读出完整的语句。

主要步骤：

前述的每种句型教学步骤如图3-3所示，教学者先做教学示范，而后设计活动让智障学生自行练习。在智障学生练习的过程中，适时给予强化回馈；若智障学生在练习中有困难或错误，可再次教学示范，待智障学生达到训练精熟后再进行评量，当各项目标行为5次测试中至少有4次正确时，则进入下一阶段句型结构的教学。

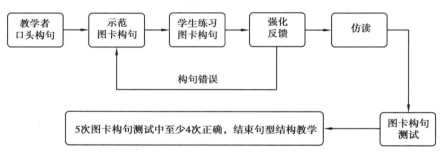

图3-3　句型结构教学程序

3.职业技能干预

在结束句型结构教学后，研究者将SGD设备与"图片提示+音频提示+自我教导"（即使用图片示范和语音输出结合的方式帮助被试在工作任务中进行自我指导）相结合，对智障学生进行SGD工作技能干预训练。

主要任务：

①模仿演练：教学者按照工作分析法将某一职业技能分成若干个小步骤，并依次示范，智障学生按照教学者示范，逐一模仿演练工作步骤。

②提示演练：教学者将某一职业技能的若干个小步骤导入SGD设备，学生利用SGD工作提示版面，依次点选图卡，练习职业技能。

主要步骤：

首先，对不同的工作任务进行分解，利用图片、文字、语音、视频等材料设置SGD设备。每个部分的教学均包括教学者示范操作、智障学生练习以及在SGD提示下操作等。具体而言，教学者先做教学示范，而后设计活动让智障学生自行练习。在智障学生练习的过程中,适时给予强化回馈;若智障学生在练习中有困难或错误,可再次示范,待智障学生达到训练精熟后再进行评量,当各项目标行为 5 次测试中至少有 4 次正确时,则结束工作技能干预训练,如图 3-4 所示。

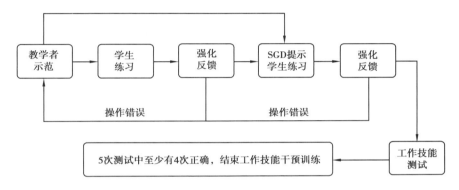

图 3-4　工作技能教学程序

(二)协调人员培训

由于在自然情境中干预的教学更可能会取得更好的教学效果和泛化效果[①],SGD 技术的教学越来越重视在教室、家庭、社区环境和工作场所等自然情境中干预。为更好地支持 SGD 干预实施,对协调人员提供培训,以促进智障学生更好地在真实自然环境中应用 SGD。例如,协调人员也需要学习如何对 SGD 设备进行编程和维护、如何设置好按键、如何辅助智障学生选择和编码设备上的单词与信息等技术性操作。关于如何教导辅助者如何支持智障学生应用 SGD,现已有相关指导书籍如《沟通同伴》(*Communicating Partners*)、《两个人说话》(*It Takes Two to Talk*)、《言语之外》(*More than Words*)、《InterAACtion:有意与无意沟通者的策略》(*InterAACtion:Strategies for Intentional and Unintentional Communicators*)等。此外,Kent-Walsh 和 McNaughton 提出了协调人员训练所需要的八个基本步骤[②],如表 3-8 所示。

---

① 曹溶萍,孙玉梅. SGD 在自闭症谱系障碍儿童干预中的应用[J]. 中国特殊教育,2020(7):74-81.

② Kent-Walsh J,McNaughton D. Communication partner instruction in AAC:Present practices and future directions[J]. Augmentative & Alternative Communication,2005,21(3):195-204.

表 3-8   沟通协调人员培训所需要的八个步骤

步骤	描述
1.介绍目标策略并评估辅助者使用现状与想学习的意愿	观察沟通协调人员与智障学生的相处情况,评估协调人员使用目标策略的频率与正确性,和协调人员一起回顾结果并确保他/她有学习新策略的意愿。
2.描述策略	描述目标策略与组成步骤并解释它对智障学生潜在的、积极的影响。
3.示范策略	当向协调人员逐步说明时,与智障学生一起示范目标策略的应用。
4.口语练习	要求协调人员叙述策略与策略执行的所有步骤。
5.可控式练习与反馈	当协调人员尝试对智障学生使用目标策略时,教学者提供辅助与口头反馈。
6.进阶式练习与反馈	当协调人员在自然环境中的多数情况下使用此策略时,教学者开始逐渐减少辅助和反馈。
7.再评估协调人员技巧和长期使用本策略的意愿	观察协调人员独立使用此策略的情况并与步骤 1 的结果进行比较;帮助协调人员形成长期的行动计划以持续使用策略。
8.泛化	协调人员在各种不同的安置环境与情境里对智障学生运用该策略。

(三)实践干预培训

应用 SGD 在智障学生就业转衔中进行干预的最终目的是帮助智障学生能够习得一般人的沟通能力和职业技能。因此,即便经过了干预训练后,智障学生基本上已经获得了沟通和工作的关键技能,他们还必须能够将这些技能用在日常的学习、生活和工作中。

一方面,加强智障学生的 SGD 沟通练习。设计 SGD 沟通场景、日常用语等,如:在学校情境中与老师在课堂上的谈话、在餐厅点餐的对话、在工作场所汇报工作情况的对话等。依据智障学生的需求和能力创设场景、编订对话,利用一对一的密集练习和逐渐撤除各种提示,让智障学生熟悉场景和对话内容,最后达到在场景中自动对话的能力。另一方面,增

强智障学生使用 SGD 提示学习工作技能的能力。在使用 SGD 进行工作
技能的训练后,将智障学生安排在真实的工作环境,并利用图片、视频等
材料设置 SGD 系统,让智障学生在实际的工作环境中熟悉工作流程和工
作技能。

五、干预结果评价

SGD 干预结果评价是 SGD 实施的最后一个步骤,干预结果评价需要
依据干预计划制订的各项干预目标,将有关沟通技能和工作技能的干预
目标作为检验标准。除此之外,一些额外的社会效度评价也是结果检验
的重要内容,包括消费者满意度和生活质量的一般测量。消费者满意度
是指测量智障学生对 SGD 服务和干预的满意度,主要调查智障学生及其
利益相关者对服务、特定 SGD 技术或整体 SGD 干预的态度和评价。生活
质量结果评价关注 SGD 干预对个体进入和融入心仪的学校、社区、家庭、
休闲和职业环境的能力的影响,是 SGD 干预的结果评价的一项重要内
容。自 20 世纪 90 年代中期起,与这方面有关的成果评价的重要性已经
越发得到认可①。

智障学生在 SGD 干预后,若干预结果评价表明,智障学生已经习得
了新技能且干预具有良好的社会效度,则服务团队应将此作为智障学生
的新起点,根据智障学生的需求变化进入干预新循环。若智障学生沟通
交往能力、工作技能没有达到目标水平,或智障学生满意度水平、生活质
量水平未得到提升,服务团队则需反思实施方式和过程,核查并修订 SGD
干预措施和过程,消除潜在的不利影响因素。

---

① Heaton E M,Beliveau C,Blois T I H. Outcomes in assistive technology[J]. Canadian Journal
of Speech-Language Pathology and Audiology,1995,19(4):233-240.

第三节　SGD 干预的实施特点

SGD 在智障学生就业转衔中的应用是基于个性化评估,依据智障学生身心特点和干预需求,结合所处环境特征和支持资源实施的个别化干预手段。该干预手段重视智障学生的言语发展,强调沟通交流的重要性,在干预过程中渗透实践,重视在自然环境中的干预培训,以促进智障学生社交能力和工作能力发展为目的,最终帮助智障学生实现就业转衔、适应社会生活和工作。

一、基于评估,实施个别化干预

SGD 对智障学生就业转衔的干预强调了个别化评估的重要性。SGD 评估秉承"多源和多元"的原则广泛收集资料,贯穿于整个 SGD 干预实践流程,准确地判断和解释智障学生身心发展状况及所处环境特征和影响,监测和检验 SGD 干预实施过程和效果。

SGD 的评估从智障学生本人、家长、老师、同事多主体,获取来自家庭、学校、工作场所等多种情境的相关资料。由于目前还没有一种方法能够把智障学生 SGD 评估所需要的信息全部收集起来,服务团队在评估的过程中,根据评估的目的和具体要求,将多种评估方法灵活地加以运用,如观察、访谈、标准化测验等多种方法互相补充,互相印证,保障评估资料收集的有效性。

另外 SGD 干预评估是一个持续和动态的过程,干预前团队评估智障学生的现有能力、目前需求、偏好物(强化物)以及智障学生所处环境资源、支持、潜在障碍等内容;在干预过程中,服务团队需持续评估,以确定智障学生每个阶段环节的知识技能学习状况;在干预结束后,服务团队需要检验干预效果,包括智障学生沟通和工作技能学习情况、生活质量水平情况、个体及其利益相关者的满意度情况。干预前对个体和环境的评估为干预提供了决策确定所需的资料,如长短期教学目标的拟订、介入优先顺序的确立及干预成效的评估等。对服务团队而言,针对 SGD 计划制订所作的评估是最重要的环节之一,如果缺少这种评估,服务团队将无法了解智障学生的现有能力情况及特殊需求。干预过程中和干预结果检验的评估,是监测学生干预进展情况、检验干预目标是否实现的重要标准,也是后续相关干预和调整的参考依据。

对智障学生实施持续化、动态评估是践行个别化教育原则的重要体现,也是有效实施干预的重要基础。智障学生因智力水平、社会背景、情感和生理等方面存在的个体差异性较大,其沟通与交往方式、工作技能、学习情况也存在较大差异。SGD 的干预在充分评估并了解智障学生特性、偏好、优劣势的基础上,确定个别化的干预计划和措施。SGD 的干预过程是依据智障学生不同的学习兴趣、学习能力、学习需求选择适合的干预手段和方法,重视智障学生及其家庭的主体选择和个性表达的需要,为其沟通和工作技能的干预和培训提供个别化指导,促进其成功实现就业转衔。

二、重视言语,促进沟通与社交

言语是运用语言进行交流或者思考的心理活动过程,其中口语是最主要的形式。[1] 智障学生言语发展的规律与普通学生言语发展的规律相似,但是由于智障学生的大脑发育功能受到阻碍,或者构音器官发育异常导致的听说功能差,以及其他社会环境等因素的影响,其语言发展要比正常儿童困难而缓慢[2]。使用 SGD 设备对智障学生的就业转衔进行干预的目标在于,帮助智障学生学会使用替代性沟通交流方式,提高沟通能力,促进社会交往能力的提高及社交网络的扩大,并以沟通和语言交流为媒介促进工作技能的提高。

目前关于 SGD 应用最具争议的议题为是否有必要使用 SGD 来扩大现有的但不充分的言语或者完全作为言语的替代品。有部分家长经常担心 SGD 的使用会阻碍言语发展,认为如果孩子使用了"更容易的"替代方

---

[1]　雷江华. 特殊儿童沟通与交往[M]. 上海:华东师范大学出版社,2017:107.
[2]　雷江华. 学前特殊儿童教育[M]. 北京:北京大学出版社,2011:87

式,如手部符号、图片或 SGD,可能就更不想说话了。但越来越多的研究表明,使用 SGD 策略不会抑制言语的产生,事实上可能是在促进言语的产生。例如,Millar、Light 和 Schlosser 指出,大量发展性障碍人士使用 SGD 的研究证实了 SGD 干预能够促进自然言语的产生这一观点①。

　　使用 SGD 对智障学生进行干预的过程,非常重视言语的发展,例如在图片教学和构句干预的实施任务中,要求"针对能力较好的智障学生,让他念出图片所代表的名称;能力稍微弱一点的智障学生,就可以利用仿读,来诱发他的口语能力"。SGD 干预一方面积极刺激智障学生的言语能力,另一方面也为其提供了替代性沟通交流方式,为智障学生语言表达能力提高提供有利条件,有利于促进其沟通能力和社交能力的提升。SGD 干预帮助智障学生掌握沟通与交往的技巧,提高智障学生沟通与交往的能力,让智障学生和社会其他成员一样能够平等参与社会生活,在日常工作中进行正常的社会交际,帮助其融入主流社会。

三、渗透实践,适应生活与工作

　　实施智障学生 SGD 就业转衔干预的一个最大的特点就是紧密联系智障学生的生活实践,即来源于生活实践、在生活实际中进行、以提升实际生活中的沟通和工作能力为目的。SGD 的干预内容来源于智障学生平时的学习、生活和工作的实践,如 SGD 干预的图片、词汇、构句选择都来自生活和工作中的日常用语。SGD 的实施过程重视与学生日常生活和学习相联系,SGD 干预计划与智障学生的个别化教育计划和就业转衔计划紧密相连,在制订教育目标、转衔目标时,应重视 SGD 的应用。在智障学生掌握沟通和工作技能后,智障学生将所学技能运用于实践活动中,并通过实践检验这些内容的有效性,不断发现问题、解决问题、再发现问题、再解决问题。由此可见,实践性渗透于 SGD 干预的整个过程中,促进智障学生适应学习、生活和工作。

　　SGD 干预渗透实践性,符合智障学生的认知特点,对智障学生融入和

　　① Millar D C, Light J C, Schlosser R W. The impact of augmentative and alternative communication intervention on the speech production of individuals with developmental disabilities:A research review[J]. Journal of Speech,Language,and Hearing Research,2006,49(2):248-264.

适应主流社会具有重要意义。生活和社会适应是智障学生沟通与工作干预的主要目标之一,良好的社会适应能力是个人在未来社会获得较好发展的重要素养。智障学生由于受各种障碍影响,沟通和工作能力较难适应社会生活需要,社会生活质量会受到一定影响。SGD 干预重视在学校、工作场所等生态环境中的技能培养,将学校、家庭和工作场所统整起来培养智障学生的沟通与工作能力,促进其更好地适应未来的生活与工作。

主要参考文献

[1] Beukelman D R,Mirenda P. 扩大和替代沟通:支持有复杂沟通需求的儿童与成人[M]. 蓝玮琛,等译. 4 版. 北京:华夏出版社,2020.

[2] Beukelman D R,Mirenda P. 辅助沟通系统之原理与运用:支持有复杂沟通需求的儿童与成人[M]. 蓝玮琛,等译. 台北:华腾文化,2018:68-92.

[3] 曹溶萍,孙玉梅. SGD 在自闭症谱系障碍儿童干预中的应用[J]. 中国特殊教育,2020(7):74-81.

[4] 林潇潇,邓猛. 美国学习障碍学生的转衔及对我国特殊教育的启示[J]. 中国特殊教育,2014,(3):42-47.

[5] 杨炽康. 以活动为本位的辅助沟通系统介入三部曲模式:从无到有之创建历程[M]. 台北:华腾文化,2018:68-92.

[6] Bennett K D,Honsberger T. Further examination of covert audio coaching on improving employment skills among secondary students with autism [J]. Journal of Behavioral Education,2013(2):103-119.

[7] Canella-Malone H,DeBar R M,Sigafoos J. An examination of preference for augmentative and alternative communication devices with two boys with significant intellectual disabilities[J]. Augmentative and Alternative Communication,2009(25):262-273.

[8] Cihak D F,Kelby K,Alberto P A. Use of a handheld prompting system to

transition independently through vocational tasks for students with moderate and severe intellectual disabilities[J]. Education and Training in Developmental Disabilities,2008,43(1):102-110.

[9] Galvin J C, Donnell C M. Assistive technology: Matching device and consumer for successful rehabilitation [M]. Washington,D. C:American Psychological Association,2002:153-167.

[10] Heaton E M,Beliveau C,Blois T I H. Outcomes in assistive technology [J]. Canadian Journal of Speech-Language Pathology and Audiology, 1995,19(4):233-240.

[11] Hymes, D H. On communicative competence [M]. Philadelphia: University of Philadelphia Press,1972:277.

[12] Johnson D W,Johnson F P. Joining together:Group theory and group skills[M]. NJ:Prentice-Hall,1987.

[13] Kent-Walsh J, McNaughton D. Communication partner instruction in AAC:Present practices and future directions [J]. Augmentative & Alternative Communication,2005,21(3):195-204.

[14] Light J,Binger C. Building communicative competence with individuals who use augmentative and alternative communication[M]. MD:Paul H. Brookes. 1998.

[15] Lund S,Light J. The effectiveness of grammar instruction for individuals who use augmentative and alternative communication systems: A preliminary study [J]. Journal of Speech Language and Hearing Research,2003,46 (5):110-123.

[16] Millar D C,Light J C,Schlosser R W. The impact of augmentative and alternative communication intervention on the speech production of individuals with developmental disabilities:A research review [J]. Journal of Speech, Language, and Hearing Research, 2006, 49 (2): 248-264.

[17] Sigafoos J,O'Reilly M,Ganz J B,et al. Supporting self-determination in

AAC interventions by assessing preference for communication devices [J]. Technology and Disability,2005,17(3):143-153.

[18] Smith K A,Shepley S B,Alexander J L,et al. The independent use of self-instructions for the acquisition of untrained multi-step tasks for individuals with an intellectual disability:A review of the literature[J]. Research in Developmental Disabilities,2015,40:19-30.

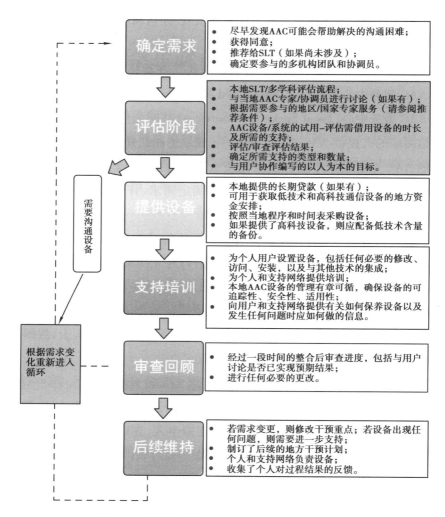

图 4-1　增强与替代沟通（AAC）国家核心途径①

　　一般而言,地方 AAC 服务中心能够满足大约 90% 的 AAC 用户的需要,另外的 10% 将需要接受区域性的专业 AAC 服务中心的评估和服务②。地方 AAC 服务中心评估服务团队按照标准(图 4-2),对于更多针对

　　①　The Scottish Government.Auxgmentative and alternative communication（AAC）：national core pathway.［EB/OL］https：//www. gov. scot/publications/national-augmentative-alternative-communication-aac-core-pathway/.2018-08-31

　　②　NHS England/Specialized Commissioning. Guidance for commissioning AAC services and equipment［EB/OL］https：//www. communicationmatters. org. uk/app/uploads/2018/12/guid-comms-aac. pdf. 2016-03-06

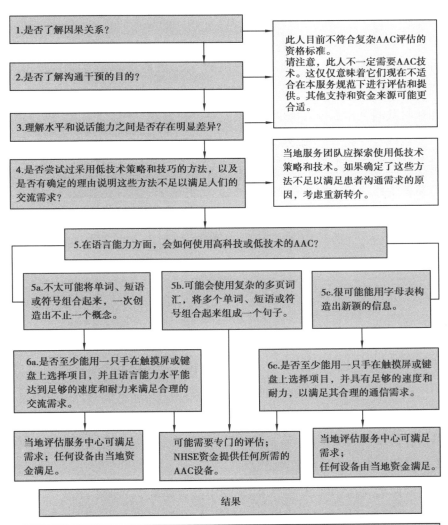

图 4-2　专业 AAC 服务转介标准指南①

① National Health Service, the United Kingdom. Who's Afraid of AAC? The UK Guide to Augmentative and Alternative Communication, Chapter 10AAC assessment. www. england. nhs. uk/ commissioning/wpcontent/uploads/sites/12/2016/03/guid-comms-aac.pdf.

高科技 AAC(如 SGD 设备等)和环境控制的定制解决方案,需要向区域性专业 AAC 服务中心推荐转介。区域性专业 AAC 中心服务团队包括言语和语言治疗师、职业治疗师,以及可能的专家、教师、临床科学家或技术人员,他们拥有高科技 AAC 的专业知识。这个专业团队与地方机构和专业团队将共同合作为个人提供最好的定制解决方案。

区域性专业 AAC 服务中心为有需要的个体提供一次性服务,要求个体及家人与专业人员个体合作。为更好地制订解决方案,服务团队将与有需要个体及利益相关者组织协商会议,讨论个体现在正在做的事情,以及他们将来可能想要实现的目标。协商过程中将制订一项行动计划,其中可能包括有关高科技 AAC 软件和硬件(如 SGD 等)、平板电脑应用程序、访问选项、使用低级和轻型 AAC 以及课程软件的建议。一些个体将需要对定制的 AAC 解决方案进行全面评估,其中可能涉及主流或专用的AAC 设备,专业软件和/或定制的访问和安装。

区域性专业 AAC 服务中心或地方 AAC 服务中心不仅为有需要的个体提供设备及相关服务,还会对个体与相关机构提供支持和培训:为个人用户设置设备,包括任何必要的修改、访问、安装以及与其他技术的集成;为个人和支持网络提供培训;制订了本地设备管理程序,以确保跟踪安全且适合使用目的的设备;向用户和支持网络提供有关如何保养设备以及发生任何问题时应如何做的信息。

除此之外,区域性专业 AAC 服务中心为提供语言训练服务培训,向家庭、学校和其他合作机构提供必要的 AAC 培训和支持,这些安排将在本地达成一致,由中心和分支服务共同确定分支服务的专业水平。区域性专业 AAC 服务中心提供多种形式的培训,包括现场面对面培训指导、远程网络研讨会、电话会议、电子邮件或电话等形式。另外,设备贷款银行(Loan Banks of Equipment)可向用户提供设备贷款服务,地方也会对个体提供资金支持,减少家庭经济压力和负担。

经过一段时间的整合和观察,区域性专业 AAC 服务中心和地方 AAC 服务中心将会召开会议,与 AAC 使用者和相关利益者讨论预期目标干预和实现结果,并进行调整和修改。在后续维持阶段,若使用者需求变更,则调整干预重点;若设备出现任何问题,则需要进一步支持并制订后续的地方干预计划。之后,个人及其支持网络系统将负责设备使用和保管,区域性专业 AAC 服务中心和地方 AAC 服务中心收集个人对过程结果的反馈。在此期间,若出现重大变化,根据需求变化重新进入循环。

目前,一些发达国家如英国、美国、澳大利亚等,虽然已经形成了相对完整的服务体系和模式,但在实践过程中,仍然存在机会获取障碍、缺乏一致性与持续性服务、设备缺少灵活性等问题。

（一）机会获取存在障碍

一方面,一些发达国家虽然已经形成了一套完整的评估和服务体系,但也存在 SGD 干预机会获取短缺的情况。在美国①、澳大利亚②等发达国家,偏远地区面临着言语病理服务短缺的情况。由于地理位置偏僻,服务质量和数量的问题相对严重。Ruggero 等调查了 154 名正在等待或已接受言语病理服务的澳大利亚儿童的父母,了解他们在系统中的经历。在这些父母中,有89%的人报告说他们当地没有足够的本地 SLP 服务,并且60%退出言语病理服务的家庭认为他们的孩子的干预已提前结束③。除此之外,在某些偏远地区,有些学生家长需要长途跋涉前往治疗中心④,由于服务干预名额有限,有些家长则需要长时间排队才能接受服务。

另一方面,SGD 的运用机会也存在困难。SGD 仅在家庭、学校环境中使用,而缺少在社区、工作中运用的机会,也是导致 SGD 的实践困难的原因。社会存在对残疾人的消极态度,对 SGD 的认识不足,容易导致

---

① Edgar D L, Rosa-Lugo L I. The critical shortage of speech-language pathologists in the public school setting: Features of the work environment that affect recruitment and retention[J]. Language, Speech, and Hearing Services in Schools, 2007, 38:31-46.

② Ruggero L, McCabe P, Ballard K J, et al. Paediatric speech-language pathology service delivery: An exploratory survey of Australian parents[J]. International Journal of Speech-Language Pathology, 2012, 14:338-350.

③ Verdon S, Wilson L, Smith-Tamaray M, et al. An investigation of equity of rural speech-language pathology services for children: A geographic perspective[J]. International Journal of Speech-Language Pathology, 2011, 13:239-250.

④ Wilson L, Lincoln M, Onslow M. Availability, access, and quality of care: Inequities in rural speech pathology services for children and a model for redress[J]. International Journal of Speech-Language Pathology, 2002, 4:9-22

SGD 使用者难以真正融入社会,可能继续在隔离的环境中生活、工作和重建。

(二)一致性与持续性服务较差

Anderson 等人调查了 6 名使用 SGD 的澳大利亚学龄儿童的父母关于 SGD 服务的观点,研究指出,采用 SGD 为家庭提供的服务缺乏一致性,并呼吁在组织、机构和利益相关者之间以及跨组织改善服务的沟通和协调①。SGD 服务的一致性和连续性取决于组织内部和组织之间的团队成员之间相互交流的程度。在 Anderson 等的研究中,学生家长抱怨他们的服务提供商之间缺乏沟通,尽管最初他们曾承诺会进行服务间协调。另外,对于一些多重障碍的学生来说,可能需要多方面的干预和服务,因此不同领域之间的干预也需要在设备选择、服务时间、服务内容等方面保持协调性和一致性。除此之外,有研究报告显示,即使在同一机构接受相关服务,仍然缺乏连续性,例如,由于人员流动或新服务计划的开始,团队内部服务可能会出现重叠、断层的现象。

(三)设备缺少灵活性

在工作环境中使用 SGD,需要提前将工作所需的词汇、语句提前录制到 SGD 设备中。在能够预料到的工作环境中,SGD 能够帮助使用者实现良好的沟通交流。但如果出现了未预料到的状况,需要使用其他未录制的词汇、语句时,SGD 设备就显得有些延迟和烦琐。因此,在就业环境中使用 SGD 设备存在缺乏自主性和弹性的问题②。另外,由于使用者在使用 SGD 进行沟通交流时,需要花费更多的时间组织和生成语音,这会导致倾听者缺乏耐心和理解。

如,有使用者反映:"当我打电话时,对方问我一个我没有准备好的问题,我必须把我的问题打出来,让对方等待我的回答。每当我回复报纸上

---

① Anderson K,Ba Landin S,Stancliffe R. Australian parents' experiences of speech generating device (SGD) service delivery[J]. Developmental Neurorehabilitation,2014,17(2):75-83.

② McNaughton D,Light J,Arnold K. 'Getting your wheel in the door':successful full-time employment experiences of individuals with cerebral palsy who use Augmentative and Alternative Communication[J]. Augmentative & Alternative Communication,2002,18(2):59-76.

的招聘广告时,他们都会挂断我的电话,因为他们不了解我,也不花时间了解我。这对我的精神很不好,是件令人沮丧的事。"

二、我国 SGD 在特殊教育中的应用情况

我国的政策支持和保障现代技术在特殊教育中的应用。例如,2014年《特殊教育提升计划》指出"支持承担随班就读残疾学生较多的普通学校设立特殊教育资源教室(中心),配备基本的教育教学和康复设备,为残疾学生提供个别化教育和康复训练。支持特殊教育学校配备必要的教育教学、康复训练等仪器设备"。我国《特教教师专业标准(试行)》规定教师应当"具有适应教育内容、教学手段和方法现代化的信息技术知识",要求能够"合理利用资源,为学生提供和制作适合的教具、辅具和学习材料,支持学生有效学习""整合应用现代教育技术及辅助技术,支持学生的学习"。

在政策背景下,我国积极探索 SGD 等现代科技在特殊教育领域中的应用。SGD 在我国的应用处于初步阶段,但已有一些研究人员和教育科技公司开始进行一些研究和实践。我国一些学者在吸收和借鉴国外关于高科技 AAC(如 SGD 等)的经验后,也逐步进行了 SGD 设备和软件的开发和应用研究。汪红等人根据语言障碍儿童的类型与需求,基于 Android平板电脑展开辅助沟通系统的探索,采用 JAVA 语言开发及语音信号处理技术,搭建了一种改善语言障碍儿童的沟通方式、提高儿童沟通技能以及满足其沟通需求的辅助系统[①]。近年来,我国一些教育科技公司进行了关于 SGD 软件的研发以及培训工作。如,拓比电子技术(苏州)有限公司的 Indi,提供了一款为沟通障碍人群定制的中文电脑语音辅助沟通设备,并组织相关培训工作,以鼓励教师、家长等有需要人士运用。

(一)使用对象

在干预对象方面,SGD 干预的主要对象包括语言障碍、自闭症、智力

---

① 汪红,黄桂双,杨三华,等. 探索基于 Android 平板电脑的辅助沟通系统[J]. 现代教育技术,2014,24(03):100-106.

障碍等。智障儿童因为智力、听辨能力、发音器官和社会心理等的特点①，他们的语音发展要比普通同龄儿童困难而缓慢，所掌握的词汇比较贫乏，容易出现对词的理解与表达相脱离的情况，他们在言语交往中较少获得成功的喜悦和体验，使他们不愿与人交往，容易产生自卑感②。

语言发展的严重落后是自闭症谱系障碍儿童的核心缺陷之一，并且大约一半的自闭症谱系障碍人士甚至终身难以发展出功能性语言。自闭症谱系障碍儿童在语义理解和语言表达上表现出明显的异常特征，约有四分之三的自闭症谱系障碍儿童存在明显的语言发展迟滞，并且有的自闭症谱系障碍儿童终身难以获得语言表达能力③。

（二）使用工具

近年来，随着计算机科学技术的发展，沟通辅具逐渐从低科技向高科技发展，平板电脑等移动终端设备开始成为新的沟通辅具载体④。该类型设备作为图片沟通符号系统的载体，利用计算机语音技术和多媒体动画技术实现语音输出和符号呈现，同时提供动画、声音的视听双重刺激，使辅助沟通系统更具科学性、趣味性⑤。目前，教师和家长对SGD的运用还比较少，在对学生进行非口语沟通干预时，多采用图卡进行教育干预，主要为教师自制辅具，多为照片或图卡，以低科技辅具为主，高科技辅具较少⑥，且主要基于平板电脑iPad安装相关程序，如Tobii Dynavox、小雨滴以及语你同行等。目前国内汉化版的专用设备较少，Indi是第一款为沟通障碍人群定制的中文SGD设备，是基于图片符号的辅助沟通应用程序，可根据用户能力和兴趣进行个性化编辑，具备调整网格大小、隐藏或显示图片符号、更改按钮颜色、选择高亮显示等功能。目前该应用程序提

---

① 方俊明,雷江华. 特殊儿童心理学[M]. 北京:北京大学出版社,2011:89.

② 教育部师范教育司. 智力落后心理学[M]. 北京:人民教育出版社,1999:66.

③ 朱楠,蔡迎旗. 特殊儿童发展与学习[M]. 武汉:武汉大学出版社,2016:88

④ Lorah E R,Tincani M,Dodge J,et al. Evaluating Picture Exchange and the iPad as a Speech Generating Device to teach communication to young children with autism[J]. Journal of Developmental & Physical Disabilities,2013,25(6):637-649.

⑤ 林楚莹,陈卓铭,黄伟新,等. 智能型辅助沟通认知训练系统的设计原理及应用[J]. 中国康复,2014,29(05):337-340.

⑥ 汪菲. 教师与家长对辅助沟通系统认识及运用情况的调查研究[D]. 华东师范大学,2015.

供 iOS 和 Windows 两个操作系统的汉化版本,可与平板电脑等移动设备(如 iPad 和 iPod)结合使用。

（三）干预领域

主要干预领域为学生的语言行为。关注从提要求、交互式语言领域来满足语言障碍的智障学生的基本沟通需求,缺少日常生活、社会交往、就业职场等领域的训练。国外在智障学生职业技能培训领域的研究成果已颇丰富。一些研究人员已经证明了在职业技能培训中使用基于辅助技术的干预策略来提高智障学生的独立性和自我管理的有效性。通过使用移动设备上提供的图片和/或听觉支持可以成功地向智障学生传授与工作相关的技能,如摆放商品、吸尘、准备食物和清洁等技能,以及工作任务之间的转换等①。

总体而言,我国关于 SGD 的应用还处于本土化探索时期,主要由个体或单位自发应用和实践,缺少自上而下的服务和应用网络。

三、就业转衔服务中 SGD 的应用成效

SGD 在智障学生就业转衔中的应用具有良好的干预成效,有助于提升智障学生社交能力,增强独立生活能力,促进实现就业转衔等。

（一）SGD 对社交能力的干预成效

对智障学生就业转衔而言,SGD 的应用有利于提升其沟通交往能力,包括促进语言理解和表达能力提升,甚至产生自然语言,并在一定程度上减少了行为问题的发生,从而扩大了交际范围,增强了社会交往能力。

1.提升沟通交流能力

智力障碍学生尤其是自闭症学生,在语言和交流的方式和形式上都会遇到一系列复杂的问题②。有研究表明,不同程度智力障碍学生的语

---

① Van Laarhoven T, Carreon A, Bonneau W, et al. Comparing mobile technologies for teaching vocational skills to individuals with autism spectrum disorders and/or intellectual disabilities using universally-designed prompting systems[J]. Journal of Autism and Developmental Disorders, 2018, 4: 2516-2529

② Mirenda P, Iacono T. Autism spectrum disorders and AAC[M]. Baltimofe, MD: Paul H. Brookes Pub, 2009: 1755-1756.

言障碍发生率分别为轻度42%,中度72%,重度100%①,大约40%的自闭症儿童不能发展语言,另外25%~30%的儿童在12—18个月大时会有一些词汇量,然后逐渐丧失这些词汇量②。由于一些智力障碍学生可能存在接受性或表达性语言障碍,其沟通交流能力受阻。有研究表明,SGD能够提高智力障碍学生的沟通能力,促进语言理解,甚至产生语言。

SGD对智障学生沟通技能的提升具有即时和持续的成效③。通过示范、提示、时间延迟、错误纠正以及强化等方法,智障学生可以熟悉SGD中的词语短语,并在此基础上进行构句练习,从而提升沟通技能。例如,Kagohara等人④评估了SGD结合系统化教学策略(包括时间延迟、最少到最多提示和差异强化)对于发展性障碍人士沟通能力的影响,结果表明在SGD沟通技能干预中使用系统的教学程序可以促进语言理解和自然语言的产生。

相对于其他辅助沟通系统(如图片交换等)而言,SGD在辅助沟通方面具有显著优势。一是其语音输出功能,有研究表明,SGD语音输出的方式更为灵活且易被沟通伙伴接受,其呈现的语音元素更有利于解决现实中的沟通问题,改善沟通效果⑤;二是其图片符号系统,SGD使用基于图片交换的符号系统,提供了预先记录或编程到电子设备中的单词、短语或

①　昝飞,马红英. 言语语言病理学[M]. 上海:华东师范大学出版社,2005:270.

②　Johnson C P. Early clinical characteristics of children with autism[M]. Autism Spectrum Disorders in Children New York. New York:Marcel Dekker,2004:85-123.

③　Lancioni G E,Singh N N,O'Reilly,et al. Erratum to:A Speech Generating Device for persons with intellectual and sensory-motor disabilities[J]. Journal of Developmental and Physical Disabilities,2016,28(1):99-100.

④　Kagohara D M,Meer L,Achmadi D,et al. Teaching picture naming to two adolescents with autism spectrum disorders using systematic instruction and speech-generating devices[J]. Research in Autism Spectrum Disorders,2012,6(3):1224-1233.

⑤　Schepis M M,Reid D H,Behrman M M. Acquisition and Functional Use of Voice Output Communication by Persons with Profound Multiple Disabilities[J]. Behavior Modification,1996,20(4):451-468.

句子①,可在一定程度上提高沟通效率。Dube 等人②利用眼动跟踪技术研究了 6 名智障成人使用 3 种辅助沟通系统(SGD、图片交换和手势语)时的注意力特征,发现 SGD 更能引起他们的注意并产生积极的沟通行为。

2.减少行为问题发生

虽然大多数智力障碍学生出现行为问题的现象较少,但是与普通学生相比,智力障碍学生的行为问题发生率要高得多,包括发脾气、打人、打架、推搡、各种形式的自残行为,以及许多其他行为。许多学者认为,许多问题行为在本质上可以被解释为交际行为③。智力障碍学生出现行为问题的原因可能在于需求未获得满足,无法使用良好的沟通方式表达自己的需求。

SGD 为智力障碍学生提供了正确表达需求及良好沟通的方式,有利于减少智力障碍学生的行为问题。Sigafoos 等人对两名特殊学生进行 SGD 沟通技能干预,使用的教学程序包括时间延迟、分级指导和差异强化,发现在没有提示的情况下,两名学生主动沟通的次数增加并且攻击行为减少④。

3.扩大社会交际范围

与其他辅助沟通设备相比,SGD 更为灵活方便,使用者也更愿意使用。有研究结果表明 SGD 的干预效果良好,并且通过使用 SGD,被试主动沟通的能力有所提升⑤。另外,SGD 的社会可接受程度高,倾听者

①　Schepis M M,Reid D H,Behrmann M M,et al. Increasing communicative interactions of young children with autism using a voice output communication aid and naturalistic teaching[J]. Journal of Applied Behavior Analysis,2013,31(4):561-578.

②　Dube W V,Wilkinson K M. The potential influence of stimulus over selectivity in AAC: Information from eye tracking and behavioral studies of attention with individuals with intellectual disabilities[J]. Augmentative and Alternative Communication,2014,30(2):172-185.

③　Donnellan,A. The criterion of the least dangerous assumption[J]. Behavior Disorders,1984, 9:141-150.

④　Sigafoos J,Lancioni G E,O'Reilly,et al. Teaching two boys with autism spectrum disorders to request the continuation of toy play using an iPad-based speech-generating device[J]. Research in Autism Spectrum Disorders,2013,7(8):923-930.

⑤　Flores M,Musgrove K,Renner S,et al. A comparison of communication using the apple iPad and a Picture-based System[J]. Augmentative and Alternative Communication,2012,28(2):74-84.

更愿意接受 SGD 的语音输出,Stern 等人探讨了使用 SGD 是否会影响公众对残障人士工作可录用性的看法,让 43 名本科生对两名残障人士的演讲录像进行评级(一名使用 SGD,另一名使用语言障碍者自然语言),结果表明,演讲者在使用 SGD 时比他们自己的声音更受被试的欢迎,尤其是当进行高度熟练和高度口头表达的工作时,被试更喜欢使用 SGD 来交流[①]。

由于 SGD 具有较高的社会可接受性,使用者能够通过运用 SGD 获得沟通交流机会以及提高沟通效率,加强社会联系。有研究证明,SGD 能够增强使用者与同事、雇主和顾客之间的社会互动,建立和维持新的伙伴关系[②]。研究中两位 SGD 使用者的父母曾对 SGD 的应用效果进行了如下评价:

卢克的父母说:"他交了很多以前从未有过的朋友。"参与者不仅结交了新朋友,而且随着时间的推移,他们也发展了这种关系。

丹尼尔的父母说:"他真的很喜欢他的同事。他不断要求和他们出去喝酒。有时我希望他能花更多的时间和他们在一起。成为其中一员对他来说真的很好。"

(二)SGD 对生活能力的干预成效

SGD 对智障学生的干预有利于提升其生活能力、改善生活质量,例如增强其主动表达意愿,提高其独立生活技能,提升其自我决策意识和能力等。

1.增强主动表达意愿

SGD 为智障学生提供表达需求的渠道,有利于增强智力障碍学生主动表达的意识,改善生活问题,提高生活质量。研究表明被试在参与沟通能力和生活能力的干预前,主动沟通方面的表现不佳,多数情况下无法正

---

① Stern S E, Chobany C M, Beam A A, et al. Use of speech generating devices can improve perception of qualifications for skilled, verbal, and interactive jobs[J]. A Journal of Prevention, Assessment and Rehabilitation, 2017, 56(2), 199-211.

② Richardson L, McCoy A, McNaughton D. "He's worth the extra work": The employment experiences of adults with ASD Who use Augmentative and Alternative Communication (AAC) as reported by adults with ASD, family members, and employers'[J]. Work, 2019; 62(2):205-219.

常表达自己的需求。在干预之后,其教师和家长表示,被试主动表达的意识有所提升。如,我们在访谈 SGD 使用者的老师和家长时曾收到过如下反馈:

小张老师:我觉得小叶在主动表达方面会比以前好一些,以前他不太爱表达,比如说要去上厕所,他在课堂上什么都不说就自己走掉了。现在有了主动表达需求的意识,感觉他现在想要表达的意愿要强一些。

小叶父亲:主动性更好了一些,他其实是可以说一些话的,只是不太爱说,而且说得不清楚,有时候我们就会鼓励他。他在接受这个培训之后,主动表达的方面是有一些提升的。比如说他想要什么,现在可以说出来,这一点是比较好的,不过他的发音还是不太清楚。

2.提高独立生活技能

生活技能通常被认为是"对个人在成年后取得成功、独立生活发挥作用的技能或任务"[1]。许多学者认为生活技能对残疾人士尤其是智力障碍学生在校外的成功至关重要[2]。生活技能是实现质量良好生活所需的技能。这些技能包括如厕、梳洗和其他个人护理、银行和资金管理技能、杂货店购物等技能。

使用 SGD 提高智力障碍学生生活技能,可采用"图片+文字+语音"的呈现方式和语音输出,如提高打扫卫生技能,设置 SGD 每个页面只呈现一个工作提示,被试完成一个工作步骤后,点击页面,SGD 将切换至下一个工作提示页面,同时伴有相应的语音输出。

小赵老师反映:"我觉得主要是工作的积极性和效率方面吧,小莫做事其实是很慢的,她属于特别慢的性子,很磨蹭。现在像一般的打扫卫生的工作,她会完成得比较快,不需要你去催促她,这一点还是有挺大改变的。"

---

①　Cronin M. E. Life skills curriculum for students with learning disabilities[J]. Journal of Learning Disabilities,1996,29:53-68.

②　Clark G M, Field S, Patton J R, et al. Life skills instruction:a necessary component for all students with disabilities. A position statement of the Division on Career Development and Transition[J]. Career Development for Exceptional Individuals,1994,17(2):125-4.

3.提升自我决策能力

Wehmeyer 重点关注自我决定对残疾人的重要性,指出在整个生活领域中使用自我决定的行动对他们的发展起至关重要的作用,并与更积极的生活质量和生活满意度相关①。具体而言,自我决定表现在残疾人或非残疾人实施经过深思熟虑的选择和执行的活动中,例如日常活动,在与他人的互动,以及在未来的选择中②。

(三)SGD 对就业能力的干预成效

实现和维持就业对智力障碍学生意义重大,Linda 和 David 等人调查了 25 名使用 SGD 并从事社区工作的成年人,结果发现,实现就业对经济利益、与同事的互动以及自尊的提高具有显著的积极影响③。此外,就业带来的经济利益为个人提供了更大的自主权和生活控制权④。因此,使用 SGD 对帮助智力障碍学生更好地习得工作技能,促进和维持就业具有重要意义。

SGD 图片提示功能对智障学生视觉方面的外在感官刺激,通过图片形式呈现每一工作步骤的示范操作,能够让智障学生对工作流程形成整体的认知。随着工作的不断熟练,可以逐渐减少智障学生对提示系统的依赖程度,从而提升其工作效率。陈怡君等人采用图片提示策略教导 3 名中度智障学生学习厕所清洁的工作技能,发现学生在工作技能、清洁效率以及清洁程度等方面均有所提升⑤;洪佩好等人采用图片提示结合 5 秒时间延迟提示及强化教学策略,对 3 名智障学生进行工作技能干预,发现图片提示教学策略可以有效提升智障学生的中式烹饪技能,并且其中

① Wehmeyer M L. Beyond access:ensuring progress in the general education curriculum for students with severe disabilities[J]. Research and Practice for Persons with Severe Disabilities,2005,31(4):322-326.

② Ryan R M,Deci E L. Intrinsic and extrinsic motivations:classic definitions and new directions[J]. Contemporary Educational Psychology,2000,25(1):54-67.

③ Light J,Stoltz B,McNaughton D. Community-based employment:experiences of adults who use AAC[J]. Augmentative and Alternative Communication,1996,12:215-228.

④ McNaughton D, Bryen D. Enhancing participation in employment through AAC [J]. Technologies,Assistive Technology,2002,4(1):58-70.

⑤ 陈怡君. 图片提示教学策略对中学智能障碍学生清洁工作技能学习成效之研究[D]. 彰化师范大学,2006.

两名被试还能逐渐减少对图片提示的依赖,在保证工作效率的基础上独立完成工作任务①;Copeland 等人采用图片提示结合自我教导的策略,教授两名重度智障学生学习工作技能,发现该提示策略可以有效提升学生独立完成工作的能力②。

　　其次,音频提示是对智障学生听觉方面的外在感官刺激,借助 SGD 输出的提示语音,智障学生可以在语音的指导下完成工作。Taber 等人指出,音频提示作为对目标行为的刺激控制策略,对于中重度智力障碍人士管理他们的工作任务并改善工作表现是有效的,并且可以在没有额外训练的情况下泛化到其他情境中③。Alberto 等人证实可以通过使用自我操作的音频提示来减少中度智障学生在工作环境中,以及在环境之间过渡时期的问题行为④。Scott 等人认为通过 SGD 的音频提示可以增加智障学生的独立性和进入社区的机会。上述研究表明,在智障学生工作技能干预中采用音频提示策略可以有效协助智障学生完成工作任务⑤,这可能也是其工作技能提升的重要原因之一。

　　最后,自我教导策略属于智障学生的内在自我指导,在图片提示和音频提示的基础上,智障学生可以通过自我指导完成工作任务。自我教导策略属于自我管理方法的应用,是自我导向的学习模式,近来有许多研究将自我教导策略运用于智障学生多方面的学习,包括生活技能、学业技能、情绪管理能力以及职业技能等,结果均能产生积极的学习成

---

　　① 洪佩妤. 图片提示教学策略对高职综合职能科学生中餐烹调丙级检定术科卫生技能学习成效之研究[D]. 彰化师范大学,2011.

　　② Copeland S R,Hughes C. Acquisition of a picture prompt strategy to increase independent performance[J]. Education and Training in Mental Retardation and Developmental Disabilities,2000,35 (3):294-305.

　　③ Taber T A,Alberto P A,Fredrick L D. Use of self-operated auditory prompts by workers with moderate mental retardation to transition independently through vocational tasks [J]. Research in Developmental Disabilities,1998,19(4):327-345.

　　④ Alberto P A,Taber T A,Fredrick L D. Use of self-operated auditory prompts to decrease aberrant behaviors in students with moderate mental retardation [J]. Research in Developmental Disabilities,1999,20(6):429-439.

　　⑤ Scott R,Collins B,Knight V,et al. Teaching adults with moderate intellectual disability ATM use via the iPod[J]. Education & Training in Developmental Disabilities,2013,48(2):190-199.

效①。Salend 等人②指出,智障学生利用自我教导的方式,可以有效提升工作效率并改善工作表现。由此可见,SGD 的图片提示、音频提示和自我教导策略对智障学生就业能力的提升具有重要意义。三种策略的有效结合和应用,可以为智障学生习得工作技能提供有针对性的多感官提示及多模态支持,助力他们提升就业能力。

第二节　特教教师对 SGD 的认识、态度与需求情况

本节主要基于对国内多地特教教师对 SGD 的认识、态度与需求情况的调查,对国内特教教师关于 SGD 在智障学生就业转衔中的认识和运用情况进行了整理与分析。该研究主要使用问卷法、访谈法,编制《智能语音输出系统(SGD)在智障学生就业转衔中的应用现状调查(教师卷)》,对北京、上海、广东、浙江、吉林、河北、辽宁、湖南、湖北等省(市)的 10 所特殊学校职教部、职业教育与转衔服务机构、中等职业教育学校等单位的 304 名特教教师进行了问卷调查,编订教师访谈提纲,对 7 名特教教师,围绕"智障学生对 SGD 的需求情况""教师对 SGD 的认识程度"以及"教师对 SGD 的基本态度"三个维度展开访谈。研究结果表明,特教教师总体对 SGD 的应用态度较为乐观,但 SGD 素养有待提升,SGD 的应用现状有待改善。

一、特教教师基本信息及对 SGD 的认识情况

总体来说,特教教师对 SGD 的认识不足,且对 SGD 的认识存在误区。从认识人数上来说,特教教师认识 SGD 的人数较少,有很大比例特教教

---

①　刘薇琳,庄素贞. 语音沟通板结合自我教导策略对多重障碍学生清洁技能成效之研究[J]. 特殊教育与辅助科技学报,2012(5):87-130.

②　Salend S J, Ellis L L, Reynolds C J. Using self-instruction to teach vocational skills to individuals who are severely retarded[J]. Education and Training in Mental Retardation,1989(24):248-254.

师表示没听说过 SGD。从认识程度上来说,特教教师认识 SGD 的程度很低,绝大多数教师对 SGD 不够了解。

（一）教师信息

本次调查共回收 210 份有效问卷,表 4-1 对问卷调查的特教教师背景信息进行了初步统计,本调查涵盖了特教教师不同性别、年龄、学历、特殊教育教龄、转衔服务教龄、地区、AAC 接触情况等背景变量。

1.性别

本次问卷调查中,女特教教师人数居多,共 151 人,占比 71.90%;男特教教师 59 人,占比 28.10%。

2.年龄

本次调查人数最多的为 25 岁及以下年龄段特教教师,占比 33.33%（$n=70$）;最少的为 46 岁及以上年龄段特教教师,占比 5.71%（$n=12$）;其他年龄段均在 9%~18%。

3.学历

特教教师的学历以专科及本科居多,占比 84.76%（$n=178$）;高中及以下与硕士及以上人数较少,分别占比 7.14%（$n=15$）、9.10%（$n=17$）。

4.特教教龄

特教教师的特教教龄主要集中在 5 年及以下,占比 56.67（$n=119$）;其余均为 11%~20%。

5.转衔服务教龄

特教教师的转衔服务教龄主要集中在 15 年段,占比 59.05（$n=124$）;最少的为 11 年及以上段,占比 8.57%（$n=18$）。

6.学校所处地区

参与本次调查的特教教师所处地区以广东省居多,占比 45.71%（$n=96$）;其次是吉林省,占比 25.24%（$n=53$）;其余地区均为4%~10%。

7.AAC 接触情况

特教教师 AAC 接触情况在四个分段分布较均衡,"听说过,但不了

情况不够了解,而仅有 20.95%($n=44$)的特教教师表示了解 SGD 或使用过 SGD。总体而言,绝大多数特教教师对 SGD 的了解不足,特教教师对 SGD 的认识程度相对较低。

特教教师对 SGD 的认识不足。究其原因,可能是目前国内 SGD 的发展和应用处在一个初级阶段,现阶段国内关于 SGD 的认识和应用都来自国外理论和经验的引进。近年来,随着科技技术和移动设备的发展,关注 SGD 的人也越来越多,但目前为止,国内对 SGD 的应用仍缺乏本土化研究,包括本土化辅具的开发、相关辅具的应用评估和服务团队、辅具的适配和使用程序指导、相关技术培训等方面都不够成熟。这些因素也导致国内 SGD 相关理论和技术发展较为缓慢,特教教师认识 SGD 的人数相对较少,认识程度也相对较低。

(三)认识特点

1.教师对 SGD 的认知较浅

绝大多数教师停留在对 SGD 具有大致了解的阶段,常常会将 SGD 与图片交换沟通系统(PECS)联系起来。SGD 与 PECS 都是以图片作为媒介对语言障碍儿童的沟通技能进行干预的系统[1],即使用者将想表达的内容以图片的形式传达。SGD 和 PECS 同属辅助沟通系统,但根据科技含量可分为低科技辅助沟通系统和高科技辅助沟通系统,前者主要指 PECS,包括沟通图卡、沟通图册等;后者主要指 SGD,包括语音沟通板、平板电脑等可进行语音输出的设备[2]。

小张老师:我对 SGD 只了解一点,听说过,应该是类似图片交换系统这样的。它应该主要是一个语音软件,然后里面会有一些内容,比如说像表达个人需求。

有些教师对 SGD 认识不清,对 SGD 的适用对象存在误解,对 SGD 对学生语言问题的干预有担忧。有些教师和家长担心学生使用 SGD 后,学

---

① 冯雅静,胡晓毅.国外扩大替代性沟通系统对自闭症儿童需求表达技能干预的研究综述[J].中国特殊教育,2014(06):31-40.

② 白银婷,黄昭鸣.辅助沟通系统的发展及运用概述[J].中国听力语言康复科学杂志,2010(1):41-43.

生对 SGD 的依赖性强,不愿意使用口语进行交流。这是一种常见的担心,但研究表明,引入 SGD 等辅助沟通系统对语音输出有积极的影响。Millar、Light 和 Schlosser[①] 的一项研究回顾表明,在提供最好证据的 27 例病例中,89%(27 例中有 24 例)的言语产出增加。在剩下的 3 个病例中(11%),言语表达没有变化。27 例患者中,无一例因辅助沟通系统干预而出现言语表达能力下降。

口语是迄今为止最快、最简单的交流方式。没有一个孩子具有口语交流能力会选择使用辅助沟通系统进行交流,因为辅助沟通口语比演讲更费时费力。如果一个孩子不是在使用语言,而是在使用辅助沟通系统,那么阻止他们说话的不是对 SGD 的依赖性,而是有更复杂的原因或一系列原因(生理、感官、认知、语言或社会交流)[②]。

小王老师:我觉得(SGD)可能更适合语言有问题的智障学生,像对我们班上××可能就不太适合,毕竟他是有一些语言的,他只是缺少主动表达的意愿,不太主动表达。然后,如果太依赖这个(SGD)的话,感觉可能他口语表达的机会就更少一些。

2.对 SGD 趋向保守看待

教师对于 SGD 在智障学生职业技能提升中的应用整体持保守意见。一方面,教师愿意在教育教学中尝试使用 SGD,同时也认为 SGD 的推广和使用受到多方面因素影响,例如社会接纳性、学生身心特点、系统技术等。教师认为社会对 SGD 的接纳是一个循序渐进的过程,首先要加强对 SGD 应用效果的实证研究,其次要为教师提供相关的培训。在此基础上,再由学校跟企业对接,逐步推进社会对 SGD 的接纳。

小赵老师:在工作场景当中,得看企业那边的人会不会接受这样一个系统(SGD),他能不能接受孩子(智障学生)不会讲话,然后用 SGD 跟他

---

① Millar D, Light J, Schlosser R. The impact of augmentative and alternative communication intervention on the speech production of individuals with developmental disabilities:A research review [J]. Journal of Speech, Language, and Hearing Research,2016,49(2):248-264.

② Battye A. Who's Afraid of AAC?:The UK Guide to Augmentative and Alternative Communication [M]. London:Taylor and Francis,2017.

沟通,这可能也会是一个问题。就是要看对方愿不愿意接受我们的学生使用这样的系统(T-ZHAO)。

智障学生和SGD之间是一种双向的关系,学生是否愿意使用SGD取决于个人兴趣,而使用SGD对学生的认知能力水平也有一定的要求。

小王老师:应用SGD,我觉得要找比较适合的对象,比如没有口语的,或者是口语能力较差的,还有一些发音有问题的,然后还得有一定理解能力的。有些孩子他们理解能力可能比较差一点,所以他们去应用这个系统的话,可能在他们认知或者理解能力方面还是会有一些困难(T-WANG)。

对于智障学生而言,SGD的操作系统不应过于烦琐,在保证内容丰富的基础上,应尽量简化设计。

小赵老师:首先是操作系统,因为我看到它(SGD)还是需要一个字一个字地点,是吗?如果要连成一句话,就会比较麻烦。或者,它(SGD)要有一些快捷的操作。另外,得训练学生学会去操作使用(SGD),如果说他们突然想找哪个词,他们可能会找不着,因为我看里面词汇数量好像还挺多的,需要不停地查找,这可能会是一个问题(T-ZHAO)。

二、特教教师对就业转衔中 SGD 的应用态度

大部分特教教师对SGD在智障学生就业转衔中应用的态度较为积极,肯定SGD的作用意义,认为使用SGD进行干预,能够有效提高有语言障碍的智障儿童沟通交流能力、改善其行为问题,进而促进其实现和维持就业。虽然有部分特教教师对SGD的沟通方式存疑虑,但大部分特教教师都倾向于支持使用SGD对智障学生就业转衔进行干预。另外,性别、教龄、AAC/SGD接触情况与特教教师SGD应用态度显著相关。

(一)应用态度情况

研究者将12个对教师关于SGD态度调查的题项进行了整理,表4-2为特教教师对SGD的态度及各维度下选择人数情况。

表 4-2　特教教师对 SGD 的态度及各维度情况(单位:人)

维度	不同意	不太同意	基本同意	同意	总人数
SGD 有利于提高沟通能力	5	7	105	89	206
SGD 有利于改善行为问题	3	17	103	83	206
SGD 有利于提高社交能力	4	15	100	87	206
SGD 有利于增加就业机会	5	15	98	89	207
我支持学生使用 SGD	5	7	93	102	207
家长学习 SGD 有利于干预	4	12	94	97	207
学生使用 SGD 不会阻碍口语发展	34	58	70	45	207
基于平板电脑 SGD 不会干扰学生学习	25	70	72	39	206
我认为大部分教师都愿意尝试 SGD	5	13	112	77	207
我认为大部分家长都支持使用 SGD	5	20	113	69	207
我愿意制订合适的 SGD 语言干预方案	6	13	99	90	208
我愿意参加 SGD 专业学习或培训	6	13	82	107	208

　　总体而言,特教教师对 SGD 的整体态度较为积极,在各维度的具体变量中,选择"基本同意"和"同意"的总人数占绝多大多数,所有题项中选择"基本同意"和"同意"的人数占比均超过 50%。除了在"学生使用 SGD 不会阻碍口语发展""基于平板电脑 SGD 不会干扰学生学习"两个题项中选择"基本同意"和"同意"的总人数占比分别为 56%、54%以外,其余在认知维度、情感倾向中及对社会环境态度、行为意向中各个题项选择"基本同意"和"同意"的人数占比在 88%以上。

　　具体而言,第一,绝大多数特教教师在 SGD 对具有沟通障碍的智障儿童的作用意义和使用对象的认知上较为准确。绝大多数特教教师认为 SGD 能够提升沟通能力、改善行为问题、提升社交能力、增加就业机会,在这四个题项中选择"基本同意"和"同意"的总人数占比分别为 94%、90%、91%、90%;94%的特教教师认为有沟通障碍的智障学生能够使用 SGD,92%的特教教师认为家长学习 SGD 使用方法有助于对有沟通障碍的智障学生进行语言干预。第二,超过半数特教教师对非口语沟通方式和社会环境具有积极态度。大多数的特教教师认为 SGD 的使用具有良好的社会支持环境,但有部分特教教师对非口语沟通方式存在怀疑,例如,44%的特教教师认为"使用 SGD 可能阻碍沟通障碍的智障学生的口语发展",46%的特教教师认为"使用基于平板电脑(如 iPad 等)的 SGD 应用程序可能会干扰有沟通障碍的智力障碍学生学习"。第三,大多数特教教师愿意使用 SGD 对有沟通障碍的智障学生进行干预。91%的特教教师"愿意为有沟通障碍的智力障碍学生制订合适的 SGD 语言干预方案",90%的特教教师"愿意参加 SGD 专业学习或培训"。

（二）态度各维度探析

研究者将特教教师性别、年龄、学历、教龄、是否了解 AAC、是否了解 SGD 的基本信息与态度各维度采用肯德尔等级相关法进行分析,表 4-3 呈现部分维度相关性。总体来说,教师性别、特教经验以及对 AAC/SGD 的经验与态度情况的相关性较为显著。

表 4-3　特教教师基本信息与态度各维度的相关性

维度	性别	年龄	学历	教龄	是否了解 AAC	是否了解 SGD
SGD 有利于提高沟通表达能力	0.09	0.08	0.11	0.11	0.12	0.11
我支持学生使用 SGD	0.12	0.05	0.00	0.01	0.15*	0.15*
家长学习 SGD 有利于干预	0.13	0.13*	0.01	0.10	0.09	0.10
学生使用 SGD 不会阻碍口语发展	0.09	0.14**	0.14*	0.19**	0.07	0.02
基于平板电脑 SGD 不会干扰学生学习	0.03	0.13*	0.07	0.23**	0.04	0.01
我认为大部分教师都愿意尝试 SGD	0.10	0.01	0.03	0.05	0.20**	0.19**
我认为大部分家长都支持使用 SGD	0.04	0.01	-0.01	0.08	0.17*	0.21**

维度	性别	年龄	学历	教龄	是否了解 AAC	是否了解 SGD
我愿意制订合适的 SGD 语言干预方案	0.22 **	0.04	0.11	0.08	0.14 *	0.16 *
我愿意参加 SGD 专业学习或培训	0.25 **	0.10	0.08	0.11	0.17 *	0.10

注：*、**、***分别表示在 5%、1%、0.1%的水平上显著，下同。

1.教师性别

如表 4-3 所示，特教教师的性别与"愿意制订合适的 SGD 语言干预方案"和"愿意参加 SGD 专业学习或培训"两个维度显著相关。

通过统计发现，93.33%女教师和 84.48%的男教师倾向于"愿意为有语言障碍（语言障碍）的智力障碍学生制订合适的 SGD 语言干预方案"，96%的女教师和 77.59%的男教师倾向于"愿意参加 SGD 专业学习或培训"。因此，相对于男教师而言，有更高比例的女教师更愿意为具有语言障碍的智障儿童制订干预方案，也更愿意参加 SGD 专业学习或培训。其原因可能与不同性别的特教教师在工作中的积极性差异有关。使用 SGD 对智障学生进行就业服务转衔的干预工作是特教教师一种的自主行为，在非强制性条件下，需要特教教师自主自觉地使用 SGD 对智障学生进行干预，这对特教教师的自觉性提出了一定的要求。董媛媛在对 520 名一线特教教师进行的关于特教教师工作积极性的调查中显示，女教师在工作的自觉性方面显著高于男教师[1]。因此，由于女教师在工作中更具有自觉性，其使用 SGD 对智障学生就业转衔进行干预和服务的行为意向上会强于男教师。

除此之外，男女教师的性格差异也可能导致其在行为意向上的差异。有研究表明，相对于男教师的"理智型"心理特征，女教师的心理特征则

----

① 董媛媛.特殊教育教师的胜任力与其职业效能感、工作积极性的关系研究[D].西南大学,2017.

表 4-6　教师教龄与 SGD 非口语沟通方式态度交叉统计表 (单位 : %)

项目	教龄	不同意	不太同意	基本同意	同意	总计
学生使用 SGD 不会阻碍口语发展	5 年及以下	23.53	42.02	21.85	12.61	100.00
	6~10 年	21.62	27.03	37.84	13.51	100.00
	11~15 年	30.77	19.23	30.77	19.23	100.00
	16 年及以上	4.00	20.00	40.00	36.00	100.00
基于平板电脑 SGD 不会干扰学生学习	5 年及以下	23.53	40.34	27.73	8.40	100.00
	6~10 年	13.89	30.56	44.44	11.11	100.00
	11~15 年	23.08	26.92	38.46	11.54	100.00
	16 年及以上	0.00	24.00	44.00	32.00	100.00

3.AAC/SGD 了解情况

教师 AAC 了解情况与"我支持学生使用 SGD""我认为大部分教师都愿意尝试 SGD""我认为大部分家长都支持使用 SGD""我愿意制订合适的 SGD 语言干预方案""我愿意参加 SGD 专业学习或培训"条目存在显著相关性。

教师 SGD 了解情况与"我支持学生使用 SGD""我认为大部分教师都愿意尝试 SGD""我认为大部分家长都支持使用 SGD""我愿意制订合适的 SGD 语言干预方案"存在显著相关性。

根据交叉统计结果,相对于不了解 AAC/SGD 的教师,了解 AAC/SGD 的教师,具有更高比例的人数倾向于支持智障学生使用 SGD。具体而言,46.2% 不了解 AAC 的教师、46.77% 不了解 SGD 的教师同意"我支持有语言障碍 (沟通障碍) 的智障学生使用 SGD",而在了解 AAC 的教师群体中该比例为 64.71%,在了解 SGD 的教师群体中该比例高达 71.43%。

另外,AAC/SGD 了解程度不同的教师群体中,其对 SGD 应用的社会环境态度和行为意向也有所差异。如表 4-7 所示,在不了解 AAC 的教师群体中,不到 33% 的教师同意"大部分教师都愿意尝试使用 SGD""大部分有语言障碍 (沟通障碍) 的智障学生的家长都支持使用 SGD",而了解 AAC 的教师群体中该比例分别为 61.76%、50%。在行为意向方面,了解

AAC 的教师群体中,55.88%的教师对"愿意为有语言障碍(沟通障碍)的智力障碍学生制订合适的 SGD 语言干预方案"表示同意,70.59%表示同意"我愿意参加 SGD 专业学习或培训"。

表 4-7　教师 AAC 了解程度与 SGD 应用态度交叉统计表(单位:%)

项目	了解程度	不同意	不太同意	基本同意	同意	总计
我认为大部分教师都支持使用 SGD	不了解 AAC	2.89	6.36	58.38	32.37	100.00
	了解 AAC	0.00	5.88	32.35	61.76	100.00
我认为大部分家长都支持使用 SGD	不了解 AAC	2.89	10.98	56.07	30.06	100.00
	了解 AAC	0.00	2.94	47.06	50.00	100.00
我愿意制订合适的 SGD 语言干预方案	不了解 AAC	3.45	7.47	48.28	40.80	100.00
	了解 AAC	0.00	0.00	44.12	55.88	100.00
我愿意参加 SGD 专业学习或培训	不了解 AAC	3.45	6.90	41.95	47.70	100.00
	了解 AAC	0.00	2.94	26.47	70.59	100.00

与 AAC 了解程度和社会环境态度和行为意向交叉统计结果类似(表 4-8),教师 SGD 了解程度更高,对 SGD 应用的社会环境持积极态度、愿意为智力障碍学生的 SGD 干预作出行动的人数比例更大。例如,在了解 SGD 的教师群体中,有 66.67%的教师表示同意"大部分有语言障碍(沟通障碍)的智障学生的家长都支持使用 SGD""大部分有语言障碍(沟通障碍)的智障学生的家长都支持使用 SGD","愿意为有语言障碍(沟通障碍)的智力障碍学生制订合适的 SGD 语言干预方案"。

表 4-8 教师 SGD 了解程度与 SGD 应用态度交叉统计表(单位:%)

项目	了解程度	不同意	不太同意	基本同意	同意	总计
我认为大部分教师都支持使用SGD	不了解SGD	2.69	6.45	56.99	33.87	100.00
	了解SGD	0.00	4.76	28.57	66.67	100.00
我认为大部分家长都支持使用SGD	不了解SGD	2.69	10.22	57.53	29.57	100.00
	了解SGD	0.00	4.76	28.57	66.67	100.00
我愿意制订合适的SGD语言干预方案	不了解SGD	3.21	6.95	49.20	40.64	100.00
	了解SGD	0.00	0.00	33.33	66.67	100.00

总体而言,特教教师与 AAC 或 SGD 接触程度越高,其对 SGD 应用的态度越积极乐观,该结果与先前研究结果基本一致。先前有研究在对特教教师关于辅助沟通系统态度问卷调查结果中显示,特教教师对辅助沟通系统接触程度对其态度存在显著影响,特教教师对辅助沟通系统态度的积极性随其接触程度的增加而增加[①]。值得注意的是,即使一些特教教师对 SGD 的接触程度较低,但其与 AAC 接触程度不同也会影响特教教师对 SGD 在智障学生就业转衔中的应用的态度。即使特教教师对 SGD 了解不足,但其对 AAC 了解程度较高,也能够增加特教教师对 SGD 在智障学生就业转衔中干预态度的积极性。

三、特教教师应用 SGD 的现状及其需求情况

特教教师使用的 SGD 的人数较少。特教教师应用 SGD 存在较多限制,例如,经费限制、专业缺乏、技术不足、学生身心限制、设备不便、家庭

[①] 汪菲. 教师与家长对辅助沟通系统认识及运用情况的调查研究[D].华东师范大学,2015.

环境限制、实践困难等。特教教师应用 SGD 需要政策经费支持、知识技能培训、设备程序开发、专业服务支持、社会环境支持等外部支持。

（一）应用现状

本研究共调查了 210 特教教师，结果显示，仅有 21 名特教教师曾经或正在使用 SGD，其中有 17 名特教教师在智障学生就业转衔中使用过 SGD，人数较少。在 17 名特教教师中，88.24%（$n=15$）人表示在智障学生就业转衔中经常使用 SGD，11.76%（$n=2$）人表示偶尔使用。绝大多数特教教师对 SGD 在智障学生就业转衔中的应用效果表示满意，其中有 29.41%（$n=5$）特教教师对 SGD 在智障学生就业转衔中的使用效果非常满意，64.71%（$n=11$）的特教教师表示基本满意，仅有 1 人表示对 SGD 对智障学生就业转衔的应用效果不太满意（表 4-9）。

表 4-9　特教教师在智障学生就业转衔中运用 SGD 的情况

项目	具体维度	人数	百分比/%
使用频率	偶尔使用	2	11.76
	经常使用	15	88.24
使用效果	非常满意	5	29.41
	基本满意	11	64.71
	不太满意	1	5.88
	不满意	0	0.00

（二）应用困难

如图 4-4 所示，特教教师在智障学生就业转衔中使用 SGD 存在的 7 个困难因素中，按照"基本同意""同意"总人数比例由高到低依次排序为经费限制（71.5%）、专业缺乏（69.9%）、技术不足（63.1%）、学生身心限制（61.7%）、设备不便（60.8%）、家庭环境限制（54.6%）、实践困难（49.0%）。大多数特教教师认为在智障学生就业转衔中使用 SGD 存在"SGD 设备不易获得，费用昂贵""缺乏专业团队的评估和指导""SGD 产品技术不够完善""SGD 不便携带，使用不方便""智障学生自身认知能力不足以及感官、肢体功能的限制""SGD 产品技术不够完善""家长排斥孩子使用非口语的沟通方式",而超过半数的特教教师对 SGD 运用于实际就业的态度较为乐观,不太同意智障学生学习 SGD 后,难以将其应用到实际就业环境中。

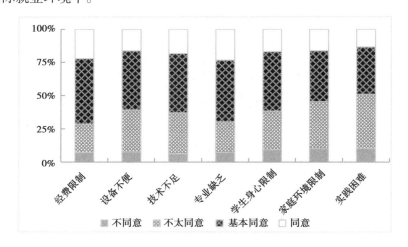

图 4-4   教师在就业转衔中应用 SGD 的困难

(三)应用需求

如图 4-5 所示,特教教师在智障儿童就业转衔中运用 SGD 支持需求中,绝大多数特教教师认为政策经费支持、知识技能培训、设备程序开发、专业服务支持、社会环境支持五大维度"重要"或"比较重要"。按照重要程度排序依次为"政府出台相关政策法规,为师生及家长使用 SGD 提供政策和经费支持""政府为有需要的师生、家长提供 SGD 操作知识与技能的培训""相关部门开发更适合中国本土化的 SGD 设备与应用程序""政府支持、鼓励相关部门建立跨学科的 SGD 评估和服务团队""学校、家庭、企业、社会和相关主管单位(或政府机构)共同努力,合作营造使用 SGD 的良好环境"。

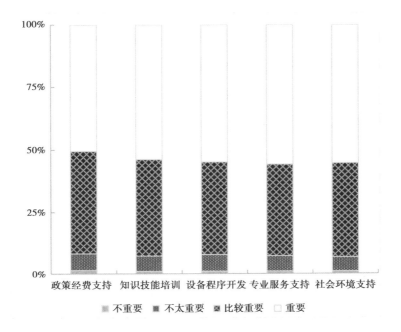

图 4-5　教师在智障儿童就业转衔中运用 SGD 支持需求

(四) 影响因素

本次调查结果显示,共有 83 名特教教师正在为共 1684 名智障学生提供就业转衔服务,其中有 41.63%($n = 701$)智障学生具有语言障碍,智障学生的语言障碍的比例较高。在所有特教教师中,77.33%($n = 154$)的特教教师认为语言障碍将会对智障学生就业产生负面影响。然而,在实际的就业转衔干预中,仅有 17 名特教教师表示在智障学生就业转衔中使用过 SGD,占总教师人数的 8.10%,特教教师在智障学生就业转衔中 SGD 应用率低。造成 SGD 在智障学生就业转衔中应用率低的原因包括特教教师对 SGD 知识技能掌握不足以及外部条件限制。

1.知识技能匮乏

特教教师自身对 SGD 等辅助技术的知识和技能较为缺乏。本次调查结果显示,近 80% 的特教教师表示"不了解 SGD",对 SGD 的认识严重不足。肖菊英等人对 90 名特教教师进行的辅助技术知识和技能掌握情况的调查结果显示,特教教师对辅助技术知识掌握程度严重不足,包括对辅助技术概念、辅助技术分类知识和残疾人辅助技术有关政策认识严重缺乏①。因此,由于特教教师普遍对辅助技术知识掌握不足,对 SGD 认识的缺乏,教师很难将 SGD 运用到智障学生就业转衔实践中,从而导致应用率低的情况。

2.外部支持缺失

缺乏外部支持包括经费限制、专业服务缺乏、社会环境限制等多方面因素。具体而言,特教教师认为最大的困难在于缺少财政经费支持。我国特殊教育经费较为缺乏,根据国家统计局数据,2011 年我国特殊教育教育经费为 790 439 万元,占总教育经费的 0.33%,约为普通中小学的 0.62%②。由于缺少财政支持,特教教师难以将 SGD 运用到智障学生就业转衔中。

除此之外,大部分特教教师认为我国大陆缺乏辅助技术专业团队的评估和服务也是阻碍 SGD 在智障学生就业转衔中应用的重要因素。目前美国在特殊学生辅助设计服务上,已经形成了一套相对完整的系统,包括学校提供免费辅具、专业的评估团队、系统的辅具适配理论和程序等。我国台湾地区《特殊教育相关规定》中也明确规定要给有特殊需要的学生提供合适的辅具,并有专业团队提供辅助技术服务。而在大陆,特殊教育中辅助技术的应用尚未形成系统的理论,也缺少专业人员的评估与服务③,SGD 的应用也因此存在较大困难。

另外,社会环境的限制包括家长对 SGD 的不支持也可能导致 SGD 在智障学生就业转衔的中应用困难。社会环境因素对学生使用相关辅具有重要影响,家长能否积极参和支持影响学生辅具的使用④。先前有研究对 162 名家长进行了关于辅助沟通系统认识和应用的调查,结果显示,家

---

①　肖菊英,勾柏频,汪静,等.特殊教育教师辅助技术与知识技能现状调查——以贵州省七所特殊教育学校为例[J].中国教育技术装备,2018(17):17-19.

②　国家统计局[EB/OL]http://data.stats.gov.cn/easyquery.htm? cn=C01&zb=A0M0Y02&sj=2018

③　肖菊英.美国特殊教育教师辅助技术要求述评及启示[J].绥化学院学报,2018,38(07):110-115.

④　肖菊英.境外特殊教育辅助技术适配评估要素及对我国的启示[J].绥化学院学报,2013,33(10):136-139.

长对辅助沟通系统接触程度越低,其越对"ipad 作为辅助沟通系统会干扰孩子的言语学习"持肯定态度①。部分家长由于缺乏对 SGD 的认识,担心非口语的沟通方式可能会影响学生的口语发展而排斥学生使用 SGD。

3.客观因素限制

SGD 实践困难、技术不足、设备不便、学生身心限制等客观因素也会影响 SGD 的使用。虽然大部分特教教师对"SGD 能够应用到实际就业环境"持肯定态度,但有研究表明使用 SGD 在实际就业中存在诸多障碍。对雇主而言,雇主对 SGD 了解不足,可能会排斥雇用 SGD 使用者。有研究表明,雇主对辅助沟通系统不熟悉可能不会给使用者提供足够的机会来展示他们能力和技能②。对使用者而言,即使 SGD 能够代替口语的方式进行沟通,但是也只能预先对沟通内容有所准备才能比较顺利地进行沟通交流,若面对非准备的情况,使用者可能会面对巨大的挑战③。除此之外,技术不足、设备不便、学生身心限制也是造成 SGD 应用率低的重要因素。例如,目前我国尚未有完善的 SGD 设备供学生使用,一般都是教师或家长使用平板电脑自制或购买国外相关设备;SGD 设备体积、重量因素可能难以随身携带;学生身心障碍限制可能会影响训练干预的效果等诸多因素导致 SGD 的应用困难。

第三节　学生家长对 SGD 的认识、态度与需求情况

本节主要基于对国内多地特殊学生家长关于 SGD 认识、态度与需求情况的调查,整理和呈现国内特殊学生家长对 SGD 在智障学生就业转衔中的认识和运用研究结果。使用问卷法、访谈法,运用《智能语音输出系

---

① 汪菲. 教师与家长对辅助沟通系统认识及运用情况的调查研究[D]. 华东师范大学, 2015.

② Bryen D N, Slesaransky G, Baker D B. Augmentative communication and empowerment supports:A look at outcomes[J]. Augmentative and Alternative Communication,1995,11:79-88.

③ McNaughton D, Light J, Arnold K. 'Getting your wheel in the door':successful full-time employment experiences of individuals with cerebral palsy who use Augmentative and Alternative Communication[J]. Augmentative & Alternative Communication,2002,18(2):59-76.

统（SGD）在智障学生就业转衔中的应用现状调查（家长卷）》问卷对华中、华北、华东、华南、东北 5 个地区，13 座城市的多所特殊学校的智障学生家长进行调查，共发放在线问卷共 254 份，回收有效问卷 198 份，问卷有效率为 77.95%。研究结果表明，特教家长总体对 SGD 的应用态度较为乐观，但 SGD 素养有待提升、SGD 的应用现状有待改善。

一、智障学生家长基本信息及对 **SGD** 的认识情况

总体来说，智障学生家长对 SGD 的认识不足，且对 SGD 的认识存在误区。从人数上来看，智障学生家长了解 SGD 的数量较少，有很大比例的家长表示没听说过 SGD。从认识程度上来说，智障学生家长认识 SGD 的程度很低，绝大多数家长对 SGD 不够了解。

（一）家长信息

通过问卷调查，了解智障学生家长的背景信息。本调查涵盖了智障学生家长的学历、与学生的关系、家庭的人均年收入、学生的障碍类型、学生的障碍程度、学生的语言发展水平等背景变量（表 4-10）。

表 4-10　家长的基本信息（$N=198$）

维度	基本信息	人数	百分比/%
与学生的关系	父亲	55	27.78
	母亲	128	64.65
	其他亲人	15	7.57
家长的学历	高中及以下	97	48.99
	大专及本科	84	42.42
	硕士研究生及以上	17	8.59
家庭人均年收入	3 万及以下	61	30.81
	3 万~7 万	71	35.86
	7 万~11 万	28	14.14
	11 万~15 万	13	6.57
	15 万及以上	25	12.63

维度	基本信息	人数	百分比/%
学生的障碍类型	智力障碍	106	53.54
	自闭症	67	33.84
	脑瘫	11	5.56
	其他	14	7.07
学生的障碍程度	轻度	60	30.30
	中度	85	42.93
	重度	53	26.77
学生的语言发展水平	有口语且发展良好	46	23.23
	有口语但缺乏功能性语言	90	45.45
	有口语但发音	49	24.75
	无口语	13	6.57

从上表我们可以看出：

①与学生的关系：本次问卷调查中，学生的母亲人数居多，共 128 人，占比 64.65%；学生的父亲 55 人，占比 27.78%；其他亲人 15 人，占比 7.57%。

②家长的学历：特教学生家长学历以高中及以下居多，有 97 人，占比 48.99%；大专及本科次之，有 82 人，占比 42.42%；硕士及以上学历人数较少，有 17 人，占比 8.59%。

③家庭人均年收入：特殊学生家庭人均年收入总体偏低。大部分家庭人均年收入在 7 万及以下，其中人均年收入在 3 万及以下的家庭占比 30.81%，人均年收入在 3 万~7 万的家庭占比 35.86%；人均年收入在 7 万~11 万的家庭有 28 户，占比 14.14%；人均年收入在 11 万~15 万的家庭有 13 户，占比 6.57%；人均年收入在 15 万以上的家庭有 25 户，占比 12.63%。

④学生的障碍类型：学生的障碍类型以智力障碍为主，共 106 人，占比 53.54%；其次是自闭症 67 人，占比 33.84%；脑瘫 11 人，占比 5.56%；其他障碍学生 14 人，占比 7.07%。

⑤学生的障碍程度：学生的障碍程度以中度障碍为主，共 85 人，占比 42.93%；轻度障碍学生 60 人，占比 30.30%；重度障碍学生 53 人，占比 26.77%。

⑥学生的语言发展水平：大部分的学生有口语，其中有口语但缺乏功能性语言的学生共 90 人，占比 45.45%；有口语但发音不清晰的学生共 49 人，占比 24.75%；有口语且发展良好的学生共 46 人，占比 23.23%；无口语的学生 13 人，占比 6.57%。

（二）认识情况

通过调查发现，大多数智障学生家长对 SGD 并不了解，只有很少部分的家长使用过 SGD 对学生进行语言干预。还有一部分家长听说过 SGD，但没有深入的了解。

从图 4-6 可以看出，被调查的家长中有 115 位家长表示"完全没听说过"SGD，占比 58.08%；"听说过，但不了解"的家长 53 人，占比 26.77%；"了解但没有用过"的家长 11 人，占比 5.56%；"使用过 SGD"的家长仅 19 人，占比 9.60%。由此观之，家长对 SGD 认识有限，在本次调查中超过 84.85% 的学生家长不了解 SGD，这也可能影响其对 SGD 的态度和应用。

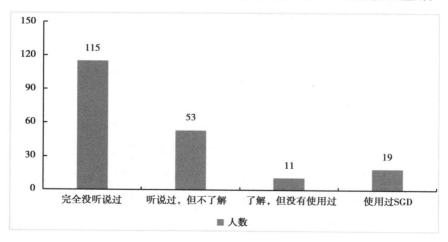

图 4-6　家长对 SGD 认识情况人数分布图

(三) 认识特点

1.家长对 SGD 的认识停留在个人想象层面

家长在谈及对 SGD 的认识时,更多会从情景智能、人机对话等角度去描述,在个人想象中勾勒出 SGD 的大致轮廓。SGD 作为一种辅助沟通系统,可借助语音设备及语音软件发出相应声音来协助智障学生进行交流。但它并不能与人工智能画上等号,所谓智能语音输出系统(SGD)更多是指其在语音元素、图形系统以及电子设备等方面的智能化体现,我们不能仅从字面意义角度对其臆断。如本项目访谈过的三位家长的认识如下:

小莫母亲:我听说过图片交换沟通,是从学校了解到的,大概 SGD 也是图片交换这样的一套系统。这个(SGD)应该会更智能一些,你点击图片,然后马上就可以显示出所需要的,还有相应的中文。比如说,我看到了一个熟悉的图片,我点它,然后中文会出来,也会有相应的语音出来。(F-MO)

小言母亲:它(SGD)跟智障学生可能是有一个对话的关系,是吧? 我感觉应该是这样的。你看,比如说我现在家里面有一个小米的冰箱,有时候你去跟它说一个话题,就有一个回答。就像这样对话,我觉得 SGD 应该就是类似的一种软件。(F-YAN)

小叶父亲:SGD 应该是可以直接对话的吧。之前有一个家长跟我讲,他买了个智能小机器人还是智能音箱这样的,就是可以像平常这样简单的对话。不过他孩子发音不清楚,所以智能音箱多次听不懂他在说什么,反复要求他再说一遍,所以这个过程中孩子也受伤了,他觉得以后不想再去跟它对话了。不过,SGD 应该是更智能的这种人机对话,是吧? (F-YE)

2.家长对 SGD 抱有较高期待

家长在谈及是否愿意在智障学生职业技能训练中应用 SGD 时,都表现出对 SGD 应用效果的期待。并且,相对于教师的保守态度而言,家长对 SGD 的未来应用抱有更高的期待。

首先,家长希望 SGD 的输出更智能。对话互动是家长反复提及的因素,但由于智障学生本身的语言缺陷,其是否适合人机对话的语言环境还有待商榷。不过,在人工智能的背景下,人机对话的智能因素确实值得在未来 SGD 的设计中探索与尝试。

小言母亲:作为妈妈来讲,只要是对孩子语言有帮助的,我肯定都愿意去尝试。从这个系统的本身来讲,我刚刚也看了一下,我觉得好像比较单一一点。我感觉可以互动的那种才能刺激他这样的学生(智障学生)的需求。(SGD)跟他有交流有互动,这样他可能才会有兴趣。所以说,我是希望这套系统本身跟他也是能够有互动的。(F-YAN)

小叶父亲:SGD 要是有人机对话这种形式会更好,就好像是作为一个朋友聊天一样,今天心情怎么样,吃饭没有,今天吃的什么等。对话还要有一种联系,像这种属于是联想式的功能,给出一个情境,经常像这样对话,就很好了。(F-YE)

其次,家长希望 SGD 的语音更自然。SGD 的语音输出有两种形式:合成语音和数字语音。合成语音是利用技术直接“阅读”输入的文本,声音比较机械;而数字语音则是以数字格式将声音存入设备中,输出的语音更接近自然环境中的声音。实际上,在访谈中试用 SGD 时,小叶父亲听到的是合成语音,未来也可将更多数字语音录入 SGD 中,以使输出的语音更为自然。

小叶父亲:我想谈谈我的感觉,SGD 里的这种声音好像比较机械,它里面应该会有一个可以把自己的声音录进去的功能。但是对于小叶来讲,让他录自己的声音可能不太现实。所以,这个语音可不可以更自然、更丰富,或者选择更多一些?(F-YE)

最后,家长希望 SGD 的作用更系统。语言缺陷带给智障学生的障碍不仅仅是在沟通交往方面,在一定程度上也会对其情绪、行为甚至自我效能感造成负面影响。通过 SGD 来促进智障学生语言能力发展的同时,家长也希望可以进一步提升智障学生在人际交往中的自信心以及主动沟通表达的意愿。

小莫母亲:(小莫)这个情况太特殊了,她小时候想说,说出来不清楚别人就让他多说几遍,她就感觉人家听不懂,就不愿意说了。所以,我就

希望能通过 SGD 帮助一下她,然后找回自信,可能会更好。(F-MO)

二、家长在智障学生就业转衔中对 **SGD** 的应用态度

总体而言,在各维度的具体变量中,选择"同意"和"很同意"的总人数占多数,都高于相反意见的人数比例(表 4-11)。其中选择"同意"和"很同意"的人数最多的为"家长有必要学习使用 SGD""我希望我的孩子在学校里有机会使用 SGD 参与教学活动"两项,占总人数的 56.06%,其次为"我愿意参加 SGD 专业培训与学习"项,占总人数的 55.05%。由此观之,较多的智障学生家长对学生使用 SGD 具有较大意愿,且对自身学习 SGD 具有较高的积极性。而在"我愿意承担购买 SGD 相关费用"项目中,选择"同意"和"很同意"的家长人数相对于其他项目较少,占总人数的 27.78%,这也体现了家长对 SGD 费用存在一定的担忧。

表 4-11 特教教师对 SGD 的态度各维度情况($N = 198$)

维度	很不同意	不同意	一般	同意	很同意
SGD 具有操作简单等优势	5	13	64	93	23
SGD 有利于减少问题行为	6	13	62	94	23
SGD 有利于提高社交能力	4	8	52	106	28
SGD 有利于帮助建立伙伴关系	2	11	49	105	31
SGD 有利于增加工作机会	5	8	56	107	22
学生认知水平和动作技能会影响 SGD 的使用效果	4	18	73	82	21
SGD 设备费用昂贵且不易获得	8	12	55	92	31
SGD 难以将其应用到实际就业环境	8	30	70	74	16
在就业转衔过程中有必要使用 SGD 进行语言干预	5	13	63	101	16
家长有必要学习使用 SGD	4	9	49	111	25
雇主有必要了解学生 SGD 的需要	5	9	47	106	31
我希望孩子有机会使用 SGD	1	9	27	111	50
我愿意参加 SGD 专业培训与学习	5	5	41	109	38
我愿意承担购买 SGD 相关费用	11	34	80	55	18

　　在 SGD 认知方面,家长对 SGD 的认知较为积极,大多数家长倾向于认同"SGD 具有操作简单等优势",肯定 SGD 有利于减少学生问题行为、提高社交能力、帮助建立伙伴关系、增加工作机会方面的作用。如图 4-7 所示,47.47%家长认同"SGD 能够减少有语言障碍(沟通障碍)的智障学生的问题行为",53.54%家长认同"SGD 能够改善有语言障碍(沟通障碍)的智障学生的社会交往能力",53.03%家长认同"SGD 能够帮助有语言障碍(沟通障碍)的智障学生在工作中建立伙伴关系",54.04%家长认同"使用 SGD 有助于增加有语言障碍(沟通障碍)的智障学生的工作机会",而持否定意见的家长比例不足 10%。

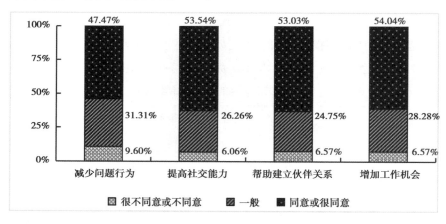

图 4-7　智障学生家长对 SGD 作用认知情况人数比例分布

　　在行为意向方面,绝大多数家长都倾向于赞同家长学习 SGD 的必要性,并对参加 SGD 相关学习和培训具有较高的积极性,但大多数家长对 SGD 相关费用持中立意见。如图 4-8 所示,56.06%的家长认同"家长有必要学习使用 SGD",55.05%家长表示"愿意参加有关 SGD 专业培训与学习"。但关于"愿意承担购买 SGD 设备及程序的相关费用",仅有 27.78%表示同意或很同意,40.40%家长保持中立态度,22.73%家长则持反对意见,可见,大多数家长对 SGD 的学习和培训具有较高热情,但也有大多数家长对费用存在担忧。

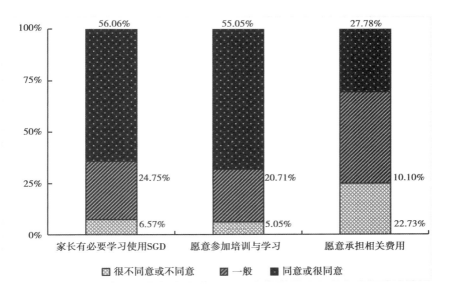

图 4-8　智障学生家长对 SGD 使用意向情况人数比例分布

　　另一方面,部分家长对 SGD 的应用存在效果、可得性、实践性等方面存在担忧。如图 4-9 所示,46.46%的家长存在"学生的认知水平和动作技能会影响 SGD 的使用效果"的担忧,37.37%的家长担心"SGD 设备费用昂贵且不易获得",有超过半数(51.01%)的家长存在"学生学习 SGD 后,也难以将其应用到实际就业环境"的疑虑。

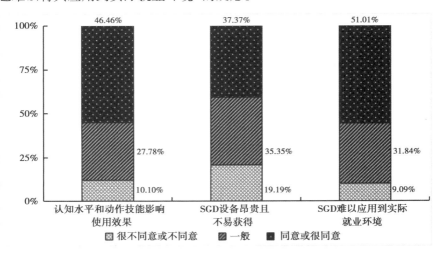

图 4-9　智障学生家长对 SGD 应用担忧情况人数比例分布

三、智障学生家长应用 **SGD** 的现状及满意度情况

(一) SGD 应用现状

本研究共调查了 198 名智障学生家长,结果显示,仅有 19 名家长使用过 SGD,人数较少。在使用过 SGD 的 19 名家长中,有 1 名家长表示"完全不会"操作 SGD,10 名家长表示"会操作,但不熟练",6 名家长表示"比较熟练",仅有 1 名家长表示"精通"SGD 的操作。7 名家长认可 SGD 在智障学生就业转衔中应用的有效性,然而 13 名家长表示"略微有效""无效"(表 4-12)。

表 4-12   家长在智障学生就业转衔中 SGD 应用情况

项目	维度	人数	百分比/%
熟练程度	完全不会	1	5.26
	会操作,但不熟练	10	52.63
	比较熟练	6	31.58
	精通	2	10.53
使用效果	有效	7	36.84
	略微有效	6	31.58
	无效	6	31.58

家长对于 SGD 的使用程度极低,大部分家长都从来没有使用过 SGD,可能存在以下两方面的原因。一方面家长对 SGD 了解有限,在本次调查中大部分家长从未听说过 SGD,这就造成他们对 SGD 改善智障儿童语言功能的作用了解不足,应用 SGD 的可能性低。另一方,家庭的经济条件有限,部分有语言沟通障碍的智障儿童的家长表示非常想提升孩子的沟通能力,但对 SGD 设备费用存在担忧,较少选择 SGD 作为干预手段。

(二) SGD 就业转衔需求

关于智障学生完成义务教育阶段后的去向的调查,绝大部分家长还是十分重视智障学生未来的就业,希望学生能够找到工作。如图 4-10 所示,在 198 名家长中,63.64%(n=126)的家长希望孩子在接受完义务教育

后能够就业,16.16%(n=32)的家长希望学生离开学校后居家生活,12.22%(n=26)的家长想让孩子进入中等职业学校学习技能,还有少部分家长表示不确定,可能是现阶段转衔教育的工作尚有欠缺,家长对孩子毕业去向很迷茫。

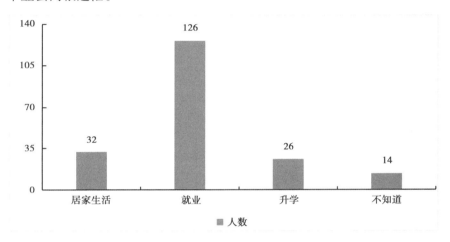

图 4-10　家长对智障学生毕业去向的期望情况

沟通能力是特殊学生的职业技能构成的重要内容之一[1],是智障学生职业教育和就业转衔中不可忽视的重要组成部分。根据信息载体的不同,沟通分为言语沟通和非言语沟通[2]。言语沟通根据沟通方式的不同,又可以分为口语、手语和书面语;非言语沟通是除文字、口语之外表达思想与情感的一种方式,面部表情、肢体动作以及触摸等都属于非言语沟通。其中,口语沟通指智障学生口头表达的能力,非口语沟通指智障学生利用 SGD、手语、面部表情、肢体动作等进行信息交换的能力。

本次调查结果显示,有口语但缺乏功能性语言的学生共 90 人,占比45.45%;有口语但发音不清晰的学生共 49 人,占比 24.75%;有口语且发展良好的学生共 46 人,占比 23.23%;无口语的学生 13 人,占比 6.57%(图 4-11),83.84%的智障学生存在不同程度的口语问题。由此可见,智障学生存在口语问题的人数比例较大,可能对其就业转衔和维持就业产生一

---

①　多恩・布罗林,罗伯特・洛依德. 生涯发展与衔接教育[M]. 南京:江苏教育出版社,2009.

②　雷江华. 特殊儿童沟通与交往[M]. 上海:华东师范大学出版社,2017:27-30.

定阻碍。为此,智障学生的就业转衔需要重视和加强学生的沟通能力干预,不仅仅需要关注学生口语能力的发展,也要注意采取非口语沟通方式来帮助其进行有效的沟通,例如使用扩大和替代辅助沟通系统来改善智障学生的沟通交流状况,以促进其实现和保持就业。由此可知,目前智障学生就业转衔中应用 SGD 可能存在较大需求,具有较大前景和发展潜力。

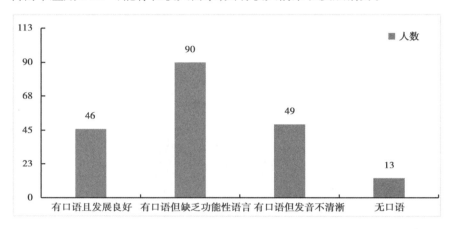

图 4-11　智障学生口语发展情况

主要参考文献

[1] 白银婷,黄昭鸣. 辅助沟通系统的发展及运用概述[J]. 中国听力语言康复科学杂志,2010(1):41-43.

[2] 冯雅静,胡晓毅.国外扩大替代性沟通系统对自闭症儿童需求表达技能干预的研究综述[J]. 中国特殊教育,2014(06):31-40.

[3] 汪菲. 教师与家长对辅助沟通系统认识及运用情况的调查研究[D]. 华东师范大学,2015.

[4] 刘薇琳,庄素贞. 语音沟通板结合自我教导策略对多重障碍学生清洁技能成效之研究[J]. 特殊教育与辅助科技学报,2012(5):87-130.

[5] Anderson K,Ba Landin S,Stancliffe R. Australian parents'experiences of speech generating device (SGD) service delivery [J]. Developmental

Neurorehabilitation,2014,17(2):75-83.

[6] Edgar D L, Rosa-Lugo L I. The critical shortage of speech-language pathologists in the public school setting:Features of the work environment that affect recruitment and retention[J]. Language, Speech, and Hearing Services in Schools,2007,38:31-46

[7] Johnson C P. Early clinical characteristics of children with autism[M]. Autism Spectrum Disorders in Children New York. New York:Marcel Dekker,2004:85-123.

[8] Lorah E R, Tincani M, Dodge J, et al. Evaluating Picture Exchange and the iPad as a Speech Generating Device to teach communication to young children with autism [J]. Journal of Developmental & Physical Disabilities,2013,25(6):637-649.

[9] NHS England/Specialised Commissioning. Guidance for commissioning AAC services and equipment. [EB/OL] https://www.communicationmatters.org. uk/app/uploads/2018/12/guid-comms-aac. pdf,2016-03-06.

[10] Ruggero L, McCabe P, Ballard K J, et al. Paediatric speech-language pathology service delivery:An exploratory survey of Australian parents[J]. International Journal of Speech-Language Pathology,2012,14:338-350.

[11] Schneider, E D. Communication disorders in children with autism: Characteristics,assessment,treatment. [M]. Autism Spectrum Disorders in Children New York. New York:Marcel Dekker,2004:193-208.

[12] Verdon S, Wilson L, Smith-Tamaray M, et al. An investigation of equity of rural speech-language pathology services for children:A geographic perspective[J]. International Journal of Speech-Language Pathology, 2011,13:239-250.

[13] Wilson L, Lincoln M, Onslow M. Availability, access, and quality of care:Inequities in rural speech pathology services for children and a model for redress [J]. International Journal of Speech-Language Pathology,2002,4:9-22.

第五章

SGD 对智障学生就业转衔的干预个案

本书第三章对 SGD 在智障学生就业转衔干预中的实施机制进行了介绍,并详细阐述了 SGD 在智障学生就业转衔中的实施过程,包括组建 SGD 服务团队、评估个体与环境特征、制订 SGD 干预计划、实施 SGD 干预、评价 SGD 干预效果等五大步骤。在前章介绍干预过程的基础上,本章结合智障学生 SGD 干预的三个案例,以具体实例分析 SGD 对智障学生就业转衔的干预过程与干预效果。根据第一章可知,Brolin 将职业技能分别划分为:①沟通的能力;②发掘工作机会;③选择并规划职业生活;④表现适当的工作习惯和行为;⑤求职与面试能力;⑥表现充分的工作操作技能;⑦获得特定的工作技能。Polloway 则将职业技能分为社会行为、沟通行为、工作相关行为和独立自主行为四个方面。虽然两位学者的划分角度不同,但都主要包括沟通技能和工作技能两个维度。根据上述研究结果以及智障学生在职业培训和未来就业中的现实需要,本研究重点探讨 SGD 对智障学生工作技能中的沟通技能与工作技能的干预。本章三个案例将聚焦于实施 SGD 干预步骤,重点描述 SGD 对沟通能力和工作能力的干预过程及其干预效果。

第一节　SGD 干预的案例一

一、干预团队成员

干预团队核心成员为学生本人、学生家长、SGD 干预人员、学生的主要任课教师及其班主任等。学生为小莫(化名),女,18 岁,职高二年级,中度智力障碍。SGD 干预人员由一名特殊教育专业三年级研究生担任。

二、学生情况评估

通过教师推荐、家长同意以及研究者观察,研究团队选取了 3 名智障学生参与实验研究。为保证学生信息不被泄漏,学生的姓名均使用化名代替。基于查阅教师对被试的相关评估资料,研究团队对被试入班观察,并结合教师和家长提供的信息,将案例一小莫的基本信息及能力情况整理如下:

表 5-1　案例一基本信息及能力情况

性别	女
年龄	18 岁
年级	职高二年级
障碍程度	中度智力障碍
沟通能力	1.语音、语调不标准,常用错声调,导致他人理解困难,也因此影响了其表达时的自信和主动沟通的意愿; 2.对话中,无法说出完整的句子,只能用字词表达,且反复自我纠正。
感知运动能力	1.精细动作能力一般,手部平衡感存在问题; 2.粗大运动能力及身体协调性一般,对走路姿势控制不佳。
情绪管理能力	较为敏感,很少表露个人情绪。
认知能力	1.记忆力和问题解决能力较好,可以理解教师的课堂指令; 2.阅读和算术能力在班上也较为突出。
生活自理能力	具备饮食、穿着以及身体清洁等能力,在家时还会主动承担部分家务。
社交能力	在人际交往中略显胆怯,不会主动参与社交互动(亟须干预)。
工作能力	"桌面清洁""地面清洁"以及"工具整理"三项技能评估结果显示:工作任务完成度较低,工作任务完成度的范围为 24%~28%(亟须干预)。

在干预训练前,干预者根据教师和家长的建议、对小莫的观察,并使用《强化物调查表》[①](修改自陈强等人的《辅助沟通强化物调查表》)调查,由教师和家长共同填写,以了解对小莫有效的强化物品或方式。确定了干预正强化物为棉花糖(最喜欢),负强化物为山楂片、瓜子(最不喜欢)。

---

① 陈强,徐云. 辅助沟通系统及实用技术[M]. 北京:科学出版社,2011:35-42.

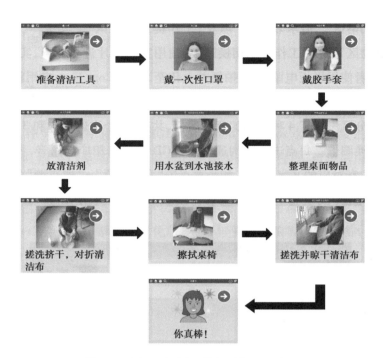

图 5-3 "桌面清洁"工作提示版面及流程

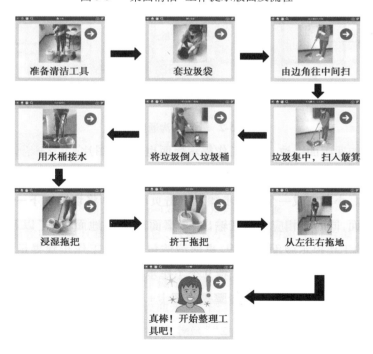

图 5-4 "地面清洁"工作提示版面及流程

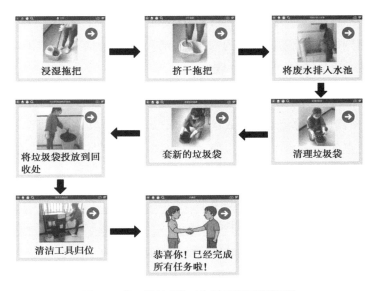

图 5-5　"工具整理"工作提示版面及流程

（二）干预内容

在干预训练前，干预者根据教师和家长的建议、对小莫的观察及强化物调查，拟订了用于沟通技能干预训练的词汇短语。在拟订小莫的沟通词汇短语后，干预者将沟通技能干预训练方案分为图片教学和句型结构教学两个部分。沟通目的设置为社交互动和需求表达，训练重点是"我要／不要"句型的表达，其沟通词汇短语见表 5-2。

表 5-2　小莫的沟通词汇短语

类别	沟通词汇短语
人物类	老师、我
动作类	要、不要
强化类	正强化物：棉花糖；负强化物：山楂片、瓜子
工具类	桌面清洁：清洁布、水盆、清洁剂；地面清洁：扫把、垃圾桶、拖把
社交类	你好、谢谢
需求类	休息一会儿、请帮帮我

在结束句型结构教学后，干预者将 SGD 设备与"图片提示＋音频提示＋自我教导"（即使用图片示范和语音输出结合的方式帮助小莫在工作

任务中进行自我指导）相结合,对小莫进行 SGD 工作技能干预训练。SGD 工作技能干预的内容分为"桌面清洁""地面清洁"以及"工具整理"3 个部分,共包括 25 个工作步骤。

（三）干预目标

干预目标是检验干预成效的重要依据,必须是具体的、可测量的、可评价的,桌面清洁、地面清洁以及工具整理 3 个工作任务,包括沟通交流和工作技能两方面的目标,如表 5-3 所示。

表 5-3　小莫的 SGD 干预目标

任务	沟通技能目标	工作技能目标
导入	能在干预者说"小莫,你好!"时,使用 SGD 回应"老师,你好。"	
桌面清洁	1.缺少水盆时,使用 SGD 主动提出"老师,我要水盆。" 2.缺少清洁剂时,使用 SGD 主动提出"老师,我要清洁剂。" 3.在干预者提问是否需要帮助时,能够使用 SGD 表达"老师,请帮帮我!" 4.在干预者提问是否需要帮助时,能够使用 SGD 表达"我不要,谢谢!" 5.在干预者提问"你要什么奖励?"时,能够使用 SGD 回答"我要棉花糖。" 6.在干预者提问"你要山楂片吗?"时,能够使用 SGD 表达"我不要山楂片。" 7.在干预者提问"你要休息一会儿吗?"时,能使用 SGD 回答"我要休息一会儿!" 8.在干预者提问"你要休息一会儿吗?"时,能使用 SGD 回答"我不要,谢谢!"	1.准备清洁工具 2.戴一次性口罩 3.戴胶手套 4.整理桌面物品 5.到水池接水 6.放清洁剂 7.搓洗、挤干,对折清洁布 8.擦拭桌椅 9.搓洗并晾干清洁布

续表

任务	沟通技能目标	工作技能目标
地面清洁	1.能在缺少垃圾桶时,使用 SGD 主动提出需要垃圾桶的请求。 2.能在缺少拖把时,使用 SGD 主动提出需要拖把的请求。 3.在干预者提问是否需要帮助时,能够使用 SGD 表达"老师,请帮帮我!" 4.在干预者提问是否需要帮助时,能够使用 SGD 表达"我不要,谢谢!" 5.在干预者提问"你要什么奖励?"时,能够使用 SGD 回答"我要棉花糖。" 6.在干预者提问"你要瓜子吗?"时,能够使用 SGD 表达"我不要瓜子。" 7.在干预者提问"你要休息一会儿吗?"时,能使用 SGD 回答"我要休息一会儿!" 8 在干预者提问"你要休息一会儿吗?"时,能使用 SGD 回答"我不要,谢谢!"	1.准备清洁工具 2.套垃圾袋 3.由边角往中间扫 4. 垃圾集中,扫入簸箕 5.将垃圾倒入垃圾桶 6.用水桶接水 7.浸湿拖把 8.挤干拖把 9.从左往右拖地
工具整理	1.在干预者提问是否需要帮助时,能够使用 SGD 表达"老师,请帮帮我!" 2.在干预者提问是否需要帮助时,能够使用 SGD 表达"我不要,谢谢!"	1.浸湿拖把 2.挤干拖把 3.将废水排入水池 4.清理垃圾袋 5.套新的垃圾袋 6.将垃圾袋投放到回收处 7.清洁工具归位
结束	干预者说"室内清洁的任务已经都完成了,你表现得真棒!"后,能使用 SGD 回答"谢谢老师!"	

（四）干预时间地点

干预场所是深圳某特殊教育学校职业教育教学部教学楼 4 楼闲置的教室。该教室内摆放有 6 套桌椅，无其他陈列物品，教学环境相对安全且安静。干预者在该教室内单独对小莫进行干预，一周三次，每次一个半小时，具体时间安排为：周二上午 8:30—10:00、周三下午 14:30—16:00、周五上午 8:30—10:00。

四、实施 SGD 干预

沟通技能干预训练方案分为图片教学和句型结构教学两个部分。在结束句型结构教学后，干预者将 SGD 设备与"图片提示+音频提示+自我教导"（即使用图片示范和语音输出结合的方式帮助被试在工作任务中进行自我指导）相结合，对小莫进行 SGD 工作技能干预训练。

（一）第一阶段：图片教学

图片教学包括配对、指认以及仿读，具体教学过程为：①干预者示范：干预者示范配对，用实物对 SGD 图卡的方式进行教学。②小莫练习配对：小莫演练实物与 SGD 图卡的配对。③强化反馈：干预者根据被试练习的情况，给予提示或示范。在小莫独立完成配对后，给予奖励强化，并进入下一教学过程。④图卡指认：在多个实物当中，小莫依据干预者的指令选出正确的图卡。通过这一过程，加深小莫对图卡和词义间关系的理解程度。⑤强化反馈：小莫指认图卡出现错误时，干预者再次进行示范，小莫指认正确时，给予奖励强化。⑥仿读：小莫依据干预者指令点选图卡，待语音输出后，模仿词汇的发音。⑦测试：干预者对小莫进行图片配对或指认的测试，5 次测试中有 4 次正确，则进入下一阶段句型结构的教学。

（二）第二阶段：句型结构教学

句型结构教学包括口头构句、图卡构句以及仿读，具体教学过程为：①干预者口头构句：干预者念读词汇短语并构句，如"我要/不要棉花糖""我要/不要瓜子""我要休息一会儿"等。②干预者示范图卡构句：干预者在口头构句的基础上，依次点选图卡，做构句示范，如"我+要+棉花糖"。

③小莫练习构句:小莫依据干预者的指令,点选图卡,进行构句练习。④强化反馈:小莫图卡构句错误时,干预者再次进行示范,小莫构句正确时,给予奖励强化。⑤仿读:小莫依据干预者指令,点选图卡进行构句,待语音输出后,模仿句子的发音。⑥测试:干预者对小莫进行图卡构句测试,5 次测试中有 4 次正确则结束句型结构教学。在小莫练习构句过程中,干预者运用时间延迟策略,逐步延长提示的时间,直至小莫可以独立地完成图卡构句。

(三) 第三阶段:工作技能教学

在结束句型结构教学后,干预者将 SGD 设备与"图片提示①+音频提示②+自我教导③"(即使用图片示范和语音输出结合的方式帮助小莫在工作任务中进行自我指导)相结合,对小莫进行 SGD 工作技能干预训练。

依据厦门市特殊教育资源中心对保洁员工作任务的分解④,将 SGD 工作技能干预的内容分为"桌面清洁""地面清洁"以及"工具整理"3 个部分,共包括 25 个工作步骤。每个部分的教学均包括干预者示范操作、小莫练习及 SGD 提示下操作等。以"桌面清洁"为例,具体教学过程为:①干预者示范:干预者依次示范"准备清洁工具""戴一次性口罩"以及"戴胶手套"等 9 个工作步骤。②小莫练习:小莫演练桌面清洁工作步骤。③强化反馈:干预者根据小莫练习的情况,给予提示或示范。在被试独立完成工作步骤后,给予奖励强化。④小莫在 SGD 提示下练习:小莫利用 SGD"桌面清洁"工作提示版面,依次点选图卡,练习工作操作。⑤强化反馈:干预者根据小莫练习的情况,给予提示或示范。在小莫独立完成工作步骤后,给予奖励强化。⑥测试:干预者对小莫进行"桌面清洁"的工作技能测试,工作完成度达到

---

① David,Cihak F,Kelby,et al. Use of a Handheld Prompting System to Transition Independently Through Vocational Tasks for Students with Moderate and Severe Intellectual Disabilities[J]. Education and Training in Developmental Disabilities,2008,43(1):102-110.

② Bennett K D,Honsberger T. Further Examination of Covert Audio Coaching on Improving Employment Skills Among Secondary Students with Autism[J]. Journal of Behavioral Education,2013 (2):103-119.

③ Smith K A,Shepley S B,Alexander J L,et al. The independent use of self-instructions for the acquisition of untrained multi-step tasks for individuals with an intellectual disability:A review of the literature.[J]. Res Dev Disabil,2015,40:19-30.

④ 厦门市特殊教育资源中心编委会. 我是一名校园保洁员(基础版)教师、家长用书[M]. 长春:东北师范大学出版社,2019:25-47.

80%后,则结束"桌面清洁"部分的教学,进入下一部分教学。

五、干预结果评估

在每次干预结束 10 分钟后,干预者对小莫沟通技能和工作技能进行评量。以"保洁员"为职业样本,干预者让小莫执行"桌面清洁""地面清洁"及"工具整理"的工作任务,并对工作完成情况进行记录,以考察其工作技能;同时,在此过程中,干预者通过创设沟通机会,包括引发小莫主动表达需求的机会以及需要小莫沟通回应的机会,对小莫的沟通技能进行考察。

在沟通技能评量方面,以沟通干预目标为基础,以《沟通行为观察记录表》为工具,以"沟通行为次数"为单位,干预者在小莫执行工作任务的过程中,对其出现沟通行为的次数进行观察记录。

在工作技能的评量方面,以《工作任务完成情况记录表》为工具,以"工作任务完成度(采用百分比形式)"为单位,采用"独立完成(4 分)""辅助完成(2 分)"及"未完成(0 分)"三个等级的记分形式,计算小莫在每一工作步骤中的得分。小莫在 25 个工作步骤中的得分总和即为该次评量的工作任务执行得分,而工作任务完成度 =(工作任务执行得分÷总的工作任务分数)×100%。

(一)沟通行为

1.沟通行为次数情况

总体而言,小莫在基线期的沟通行为次数较少,在干预期有所增多,而维持期的沟通技能水平较基线期有明显提升。小莫在基线期、干预期及维持期的沟通行为次数如图 5-6 所示。

在基线期阶段共收集 5 个数据点,沟通行为次数范围为 2~3,平均值为 2.4,中位数为 2,回归线斜率为 -0.1($p = 0.637\ 6 > 0.05$);在干预期阶段共收集 14 个数据点,沟通行为次数范围为 4~14,平均值为 8.929,中位数为 8.5,回归线斜率为 0.833($p < 0.05$);在维持期阶段共收集 5 个数据点,沟通行为次数范围为 12~13,平均值为 12.4,中位数为 12,回归线斜率为 0.1($p = 0.637\ 6 > 0.05$)。说明小莫在未进行 SGD 干预前的沟通行为次数较少,在 SGD 干预期,其沟通行为次数显著增加,在撤销干预后的维持期中,小莫沟通行为的次数能够维持在干预期水平。因此,SGD 对小莫沟通行为的干预具有显著作用。

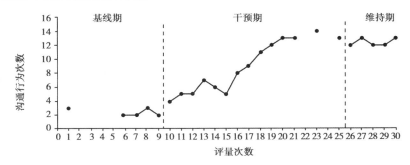

图 5-6 小莫沟通行为次数

为进一步探明这种立即成效的效应大小,在目视分析的基础上,研究者采用回归效果量(G 指数)和不重叠数据百分比(PND)对小莫在 AB、AM 阶段的数据进行比较分析。图 5-7 为小莫 AB、AM 阶段效果量分析结果。

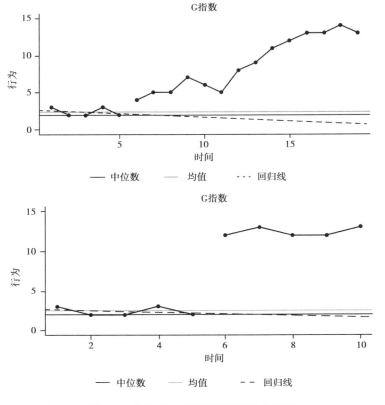

图 5-7 小莫 AB、AM 阶段效果量分析图

小莫在 AB 阶段的 G 指数为 0.6,数值为正,表明沟通行为改善且 SGD 干预训练对其沟通技能提升具有较大程度的影响。PND 值为 1,说明干预期内所有数据点的沟通行为次数均大于基线期,干预作用明显。小莫在 AM 阶段的 G 指数为 0.6,数值为正,表明沟通行为改善且 SGD 干预训练具有较大的影响。PND 值为 1,说明维持期内所有数据点的沟通行为次数均大于基线期,维持效果明显。以上数据表明,SGD 对小莫沟通技能的提升具有较大程度的立即成效和维持成效。

2.口语沟通与主动沟通行为情况

如图 5-8 所示,就总体变化趋势而言,小莫的口语沟通行为次数平均值由 1(基线期)提升至 2.8(维持期),口语沟通行为水平呈现出较为明显的上升趋势。但相对于小叶在维持期的平均值提升幅度(2.433)而言,小莫的口语沟通技能提升较为迟缓。小莫在 AB 阶段的 G 指数为 0,表明口语沟通行为无明显改善。PND 值为 1,说明干预期内所有数据点的口语沟通行为次数均大于基线期。以上数据表明,在干预中,小莫的口语沟通技能虽有一定提升,但 SGD 干预训练的作用较为有限。

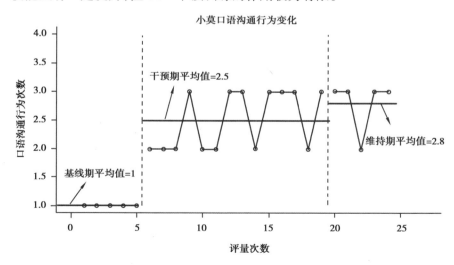

图 5-8　小莫口语沟通行为变化分析图

其次,在主动沟通方面。图 5-9 呈现了小莫在基线期、干预期和维持期阶段主动沟通行为次数的变化情况,以及 AB 阶段效果量(G 指数)与不重复数据(PND)百分比的分析结果。

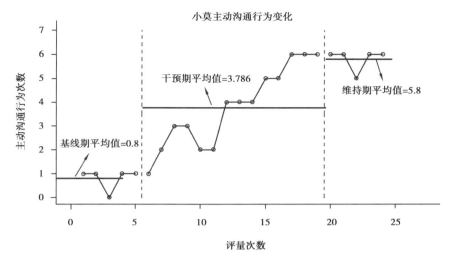

图 5-9　小莫主动沟通行为变化分析图

就总体变化趋势而言,小莫的主动沟通行为次数平均值由 0.8(基线期)提升至 5.8(维持期),主动沟通行为水平呈现出上升趋势。小莫在 AB 阶段的 G 指数为 0.2,数值为正,表明小莫的主动沟通行为有一定改善,但 SGD 对其主动沟通技能的提升作用较小。PND 值为 0.93,说明干预期内有 93% 的数据点,其主动沟通行为次数大于基线期。以上数据表明,在干预中,小莫的主动沟通技能水平有一定提升,但 SGD 干预训练对其主动沟通技能提升的作用有限。

(二)工作技能

小莫在基线期、干预期及维持期的工作任务完成度如图 5-10 所示,总体而言,小莫在基线期的工作任务完成度较低,在 SGD 干预期有所提升,而在撤销干预后的维持期其工作任务完成度明显高于基线期(图 5-10)。

小莫在基线期阶段共收集 5 个数据点,工作任务完成度范围为 24%~28%,平均值为 26.85%,中位数为 28%,回归线斜率为 0.8($p = 0.182>0.05$);干预期阶段共收集 14 个数据点,工作任务完成度范围为 60%~100%,平均值为 83.86%,中位数为 87%,回归线斜率为 3.503($p<0.05$);维持期阶段共收集 5 个数据点,工作任务完成度范围为 94%~98%,平均值为 96.4%,中位数为 96%,回归线斜率为 0.6($p = 0.319>0.05$)。说明小莫在基线期的工作技能水平呈现不显著的上升趋势,在干预期的工作技能水平呈现显著的上升趋势,维持期的工作技能水平同样呈现出不显著的上升趋势。

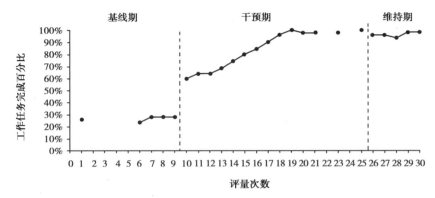

图 5-10　小莫工作任务完成百分比

图 5-11 为小莫 AB、AM 阶段效果量分析结果。小莫在 AB 阶段的 G 指数为 0.4,数值为正,表明行为改善且 SGD 干预训练对其工作技能提升具有中等程度的影响。PND 值为 1,说明干预期内所有数据点均高于基线期,干预作用明显。以上数据表明,SGD 对小莫工作技能的提升具有中等程度的立即成效。

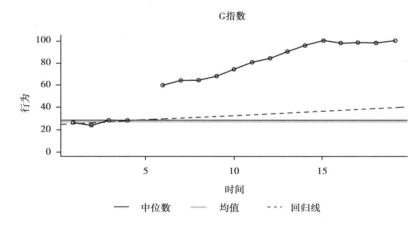

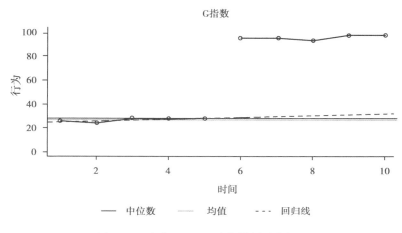

图 5-11　小莫 AB、AM 阶段效果量分析图

　　小莫在 AM 阶段的 G 指数为 0.4,数值为正,表明工作技能改善且 SGD 干预训练具有中等程度的影响。PND 值为 1,说明维持期内所有数据点均高于基线期,维持效果明显。以上数据表明,SGD 对小莫工作技能的提升具有中等程度的维持成效。综上,SGD 对小莫沟通技能的提升具有较大程度的立即成效和维持成效,对其工作技能干预具有中等程度的立即成效和维持成效。

第二节　SGD 干预的案例二

一、干预团队成员

　　与案例一相似,案例二干预团队核心成员同样为学生本人、学生家长、SGD 干预人员、学生的主要任课教师及其班主任等。学生为小叶(化名),男,19 岁,职高三年级,重度智力障碍。SGD 干预人员由与案例一中同一名特殊教育专业三年级研究生担任。

二、学生情况评估

整合教师对被试的相关评估资料、研究团队对被试入班观察情况,教师和家长提供的信息,案例二小叶的基本信息及能力情况见表5-4。

表5-4 案例二的基本信息及能力情况

性别	男
年龄	19 岁
年级	职高三年级
障碍程度	重度智力障碍
沟通能力	1.有一定的口语能力,但无主动表达的意愿,沟通回应方面表现不佳; 2.说话时无目光交流; 3.语音语调不自然,表达出的句子语序颠倒,在对话中很难理解其表达的内容(亟须干预)。
感知运动能力	1.精细动作能力较差,在客房服务课上无法完成折叠被单及更换枕套的操作; 2.粗大运动能力及身体协调性较好,擅长田径运动。
情绪管理能力	情绪较为平稳,但每周五情绪波动较大。
认知能力	可以理解教师的课堂指令,阅读能力较好,但算术较差。
生活自理能力	可以独立出行、进食、穿衣以及清洁身体。
社交能力	有参与社交互动的意愿和需求,但较为被动,一般不会主动发起社交沟通(亟须干预)。
工作能力	"桌面清洁""地面清洁"以及"工具整理"三项技能评估结果:工作任务完成度较低,工作任务完成度范围为18%~22%(亟须干预)。

同样,在干预训练前,干预者根据教师和家长的建议、对小叶的观察,结合《强化物调查表》,确定了干预正强化物为蛋糕(最喜欢),负强化物为橘子、橙汁(最不喜欢)。

三、制订干预计划

（一）干预工具

本案例将应用程序 Snap+Core First（Tobii Dynavox）与平板电脑 iPad 相结合，作为干预中使用的 SGD。根据教师和家长提供的信息，以及对小叶强化物调查的结果，干预者对沟通技能干预和工作技能干预中所使用的实验材料进行了设计和整理，以下分别就沟通版面和工作提示版面的设计做具体说明。

如图 5-12 所示，SGD 沟通版面采用"图片+文字+语音"的呈现方式，页面同样为"5×4"的网格布局，"工具区""强化物区"及"工作提示切换区"均使用实物图片进行标示，实物图片由干预者使用 iPad 拍摄并上传至 Snap+Core First 应用程序中。每点击一次沟通图卡，SGD 将输出相应的语音，并在"说话"区中有对应的文字显示。如小叶点击"我"+"要"+"蛋糕"的图卡，SGD 将输出"我要蛋糕"的语音，并在"说话"区域中显示"我要蛋糕"的中文提示。

图 5-12　小叶的沟通版面

SGD 工作技能干预的内容分为"桌面清洁""地面清洁"及"工具整理"3 个部分，共包括 25 个工作步骤，每个工作步骤均由一名特殊教育专业四年级本科生示范操作。在正式示范操作前，干预者对该大四学生进行了 2 小时的培训,详细讲解了实验的目的、工作技能干预的内容、工作任务分解的步骤、每个步骤的具体操作以及其他演示操作中的注意事项,并模拟了操作过程。在正式示范操作中,干预者对每个工作步骤进行拍照,并将图片上传至 Snap+Core First 应用程序中。SGD 工作提示版面也采用"图片+文字+语音"的呈现方式,但页面为"1×1"的网格布局,"桌面清洁""地面清洁"以及"工具整理"的工作提示版面及流程详见案例一。

（二）干预内容

在干预训练前,干预者根据教师和家长的建议、对小叶的观察及强化物调查,拟订了用于沟通技能干预训练的词汇短语。在拟订小叶的沟通词汇短语后,将沟通技能干预训练方案分为图片教学和句型结构教学两个部分。沟通目的同样是社交互动和需求表达,训练重点是"我要/不要"句型的表达,其沟通词汇短语见表 5-5。

表 5-5　小叶的沟通词汇短语

类别	沟通词汇短语
人物类	老师、我
动作类	要、不要
强化类	正强化物:蛋糕;负强化物:橘子、橙汁
工具类	桌面清洁:清洁布、水盆、清洁剂;地面清洁:扫把、垃圾桶、拖把
社交类	你好、谢谢
需求类	休息一会儿、请帮帮我

在结束句型结构教学后,干预者将 SGD 设备与"图片提示+音频提示+自我教导"相结合,对小叶进行 SGD 工作技能干预训练。SGD 工作技能干预的内容同样分为"桌面清洁""地面清洁"以及"工具整理"3 个部分,共包括 25 个工作步骤。

（三）干预目标

制订桌面清洁、地面清洁以及工具整理 3 个工作任务的沟通交流、工作技能两方面的目标,见表 5-6。

表 5-6 小叶的 SGD 干预目标

任务	沟通技能目标	工作技能目标
导入	能在干预者说"小叶,你好!"时,使用 SGD 回应"老师,你好。"	
桌面清洁	1.能在缺少水盆时,使用 SGD 主动提出"老师,我要水盆。" 2.能在缺少清洁剂时,使用 SGD 主动提出"老师,我要清洁剂。" 3.在干预者提问是否需要帮助时,能够使用 SGD 表达"老师,请帮帮我!" 4.在干预者提问是否需要帮助时,能够使用 SGD 表达"我不要,谢谢!" 5.在干预者提问"你要什么奖励?"时,能够使用 SGD 回答"我要蛋糕。" 6.在干预者提问"你要橘子吗?"时,能够使用 SGD 表达"我不要橘子。" 7.在干预者提问"你要休息一会儿吗?"时,能使用 SGD 回答"我要休息一会儿!" 8.在干预者提问"你要休息一会儿吗?"时,能使用 SGD 回答"我不要,谢谢!"	1.准备清洁工具 2.戴一次性口罩 3.戴胶手套 4.整理桌面物品 5.用水盆到水池接水 6.放清洁剂 7.搓洗、挤干,对折清洁布 8.擦拭桌椅 9.搓洗并晾干清洁布
地面清洁	1.能在缺少垃圾桶时,使用 SGD 主动提出需要垃圾桶的请求。 2.能在缺少拖把时,使用 SGD 主动提出需要拖把的请求。 3.在干预者提问是否需要帮助时,能够使用 SGD 表达"老师,请帮帮我!" 4.在干预者提问是否需要帮助时,能够使用 SGD 表达"我不要,谢谢!" 5.在干预者提问"你要什么奖励?"时,能够使用 SGD 回答"我要蛋糕。"	1.准备清洁工具 2.套垃圾袋 3.由边角往中间扫 4.垃圾集中,扫入簸箕 5.将垃圾倒入垃圾桶 6.用水桶接水

续表

任务	沟通技能目标	工作技能目标
地面清洁	6.在干预者提问"你要橙汁吗?"时,能够使用SGD表达"我不要橙汁。" 7.在干预者提问"你要休息一会儿吗?"时,能使用SGD回答"我要休息一会儿!" 8.在干预者提问"你要休息一会儿吗?"时,能使用SGD回答"我不要,谢谢!"	7.浸湿拖把 8.挤干拖把 9.从左往右拖地
工具整理	1.在干预者提问是否需要帮助时,能够使用SGD表达"老师,请帮帮我!" 2.在干预者提问是否需要帮助时,能够使用SGD表达"我不要,谢谢!"	1.浸湿拖把 2.挤干拖把 3.将废水排入水池 4.清理垃圾袋 5.套新的垃圾袋 6.将垃圾袋投放到回收处 7.清洁工具归位
结束	干预者说"室内清洁的任务已经都完成了,你表现得真棒!"后,能使用SGD回答"谢谢老师!"	

(四)干预时间地点

干预场所是案例一中的深圳某特殊教育学校职业教育教学部教学楼4楼闲置的教室。干预者每周在该教室内对小叶进行一次干预,每次一个半小时。

四、实施 SGD 干预

沟通技能干预训练方案包括图片教学和句型结构教学两个部分。在结束句型结构教学后,干预者将 SGD 设备与"图片提示+音频提示+自我教导"相结合,对小叶进行 SGD 工作技能干预训练。

（一）第一阶段：词汇短语教学方案

图片教学包括配对、指认以及仿读，具体教学过程为：①干预者示范：干预者示范配对，用实物对 SGD 图卡的方式进行教学。②小叶练习配对：小叶演练实物与 SGD 图卡的配对。③强化反馈：干预者根据被试练习的情况，给予提示或示范。在小叶独立完成配对后，给予奖励强化，并进入下一教学过程。④图卡指认：在多个实物当中，小叶依据干预者的指令选出正确的图卡。通过这一过程，加深小叶对图卡和词义间关系的理解程度。⑤强化反馈：小叶指认图卡出现错误时，干预者再次进行示范，小叶指认正确时，给予奖励强化。⑥仿读：小叶依据干预者指令点选图卡，待语音输出后，模仿词汇的发音。⑦测试：干预者对小叶进行图片配对或指认的测试，5 次测试中有 4 次正确，则进入下一阶段句型结构的教学。

（二）第二阶段：句型结构教学方案

句型结构教学包括口头构句、图卡构句以及仿读，具体教学过程为：①干预者口头构句：干预者念读词汇短语并构句，如"我要/不要蛋糕""我要/不要橘子""我要休息一会儿"等。②干预者示范图卡构句：干预者在口头构句的基础上，依次点选图卡，做构句示范，如"我+要+蛋糕"。③小叶练习构句：小叶依据干预者的指令，点选图卡，进行构句练习。④强化反馈：小叶图卡构句错误时，干预者再次进行示范，小叶构句正确时，给予奖励强化。⑤仿读：小叶依据干预者指令，点选图卡进行构句，待语音输出后，模仿句子的发音。⑥测试：干预者对小叶进行图卡构句测试，5 次测试中有 4 次正确则结束句型结构教学。在小叶练习构句过程中，干预者运用时间延迟策略，逐步延长提示的时间，直至小叶可以独立地完成图卡构句。

（三）第三阶段：工作技能教学

在结束句型结构教学后，干预者将 SGD 设备与"图片提示+音频提示+自我教导"（即使用图片示范和语音输出结合的方式帮助小叶在工作任务中进行自我指导）相结合，对小叶进行 SGD 工作技能干预训练。

依据厦门市特殊教育资源中心对保洁员工作任务的分解，将 SGD 工作技能干预的内容分为"桌面清洁""地面清洁"及"工具整理"3个部分，共包括25个工作步骤。每个部分的教学均包括干预者示范操作、小叶练习以及SGD提示下操作等。以"桌面清洁"为例，具体教学过程为：①干预者示范：干预者依次示范"准备清洁工具""戴一次性口罩"以及"戴胶手套"等9个工作步骤。②小叶练习：小叶演练桌面清洁工作步骤。③强化反馈：干预者根据小叶练习的情况，给予提示或示范。在被试独立完成工作步骤后，给予奖励强化。④小叶在SGD提示下练习：小叶利用SGD"桌面清洁"工作提示版面，依次点选图卡，练习工作操作。⑤强化反馈：干预者根据小叶练习的情况，给予提示或示范。在小叶独立完成工作步骤后，给予奖励强化。⑥测试：干预者对小叶进行"桌面清洁"的工作技能测试，工作完成度达到80%后，则结束"桌面清洁"部分的教学，进入下一部分教学。

五、干预结果评估

在每次干预结束10分钟后，干预者对小叶的工作技能（包括沟通技能和工作技能）进行评量。以"保洁员"为职业样本，干预者让小叶执行"桌面清洁""地面清洁"及"工具整理"的工作任务，并对工作完成情况进行记录，以考察其工作技能；同时，在此过程中，干预者通过创设沟通机会，包括引发小叶主动表达需求的机会以及需要小叶沟通回应的机会，对小叶的沟通技能进行考察。

在沟通技能评量方面，在沟通干预目标的基础上以《沟通行为观察记录表》为工具，以"沟通行为次数"为单位，干预者在小叶执行工作任务的过程中，对其沟通行为产生的次数进行观察记录。

工作技能的评量，以《工作任务完成情况记录表》为工具，以"工作任务完成度（采用百分比形式）"为单位，采用"独立完成（4分）""辅助完成（2分）"及"未完成（0分）"3个等级的记分形式，计算小叶在每一工作步骤中的得分。小叶在25个工作步骤中的得分总和即为该次评量的工作任务执行得分，而工作任务完成度＝（工作任务执行得分÷总的工作任务分数）×100%。

（一）沟通行为

1.沟通行为次数情况

总体而言,小叶在基线期的沟通行为次数较少,在干预期有所增多,而维持期的沟通技能水平较基线期有明显提升。小叶在基线期、干预期及维持期的沟通行为次数如图 5-13 所示。

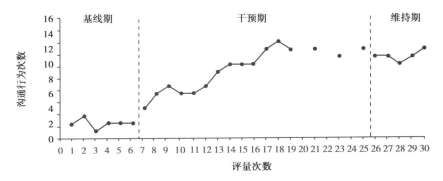

图 5-13　小叶沟通行为次数

基线期阶段共收集 6 个数据点,沟通行为次数范围为 1~3,平均值和中位数均为 2,回归线斜率为−0.057(p = 0.7489>0.05);干预期阶段共收集 16 个数据点,沟通行为次数范围为 4~13,平均值为 9.188,中位数为10,回归线斜率为 0.546(p<0.05);在维持期阶段共收集 5 个数据点,沟通行为次数范围为 10~12,平均值和中位数均为 11,回归线斜率为 0.2(p = 0.4502>0.05)。说明,在基线期小叶的沟通技能水平呈现不显著的下降趋势,在干预期其沟通技能水平呈现显著的上升趋势,维持期其沟通技能水平呈现不显著的上升趋势。

如图 5-14 所示,小叶在 AB 阶段的 G 指数为 0.333,数值为正,表明沟通行为改善且 SGD 干预训练对沟通技能提升具有中等程度的影响。PND 值为 1,说明干预期内所有数据点的沟通行为次数均大于基线期,干预作用明显。小叶在 AM 阶段的 G 指数为 0.333,数值为正,表明与基线期相比,维持期的沟通行为改善且 SGD 干预训练具有中等程度的影响。PND 值为 1,说明维持期内所有数据点均大于基线期,维持效果明显。以上数据表明,SGD 对小叶沟通技能的提升具有中等程度的立即成效和维持成效。

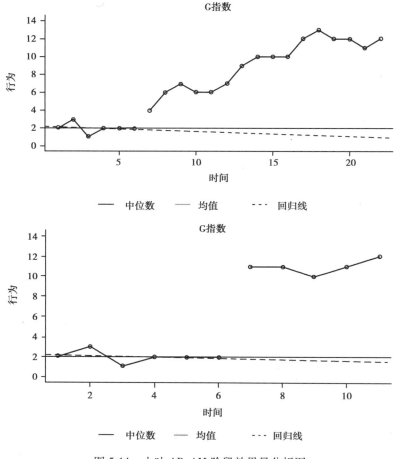

图 5-14 小叶 AB、AM 阶段效果量分析图

2.口语沟通与主动沟通情况

首先,在口语沟通方面。图 5-15 呈现了小叶在基线期、干预期和维持期口语沟通行为次数的变化情况,以及 AB 阶段效果量(G 指数)与不重复数据(PND)百分比的分析结果。

就总体变化趋势而言,小叶的口语沟通行为次数平均值由 0.167(基线期)提升至 2.6(维持期),口语沟通行为水平呈现出明显的上升趋势。小叶在 AB 阶段的 G 指数为 0.667,数值为正,表明口语沟通行为改善且 SGD 对其口语沟通技能的提升具有较大的促进作用。PND 值为 0.62,说明干预期内有 62% 的数据点,其口语沟通行为次数大于基线期。以上数据表明,SGD 干预训练对小叶口语沟通技能的提升产生了较大程度的促进作用。

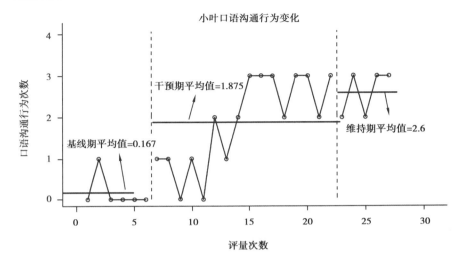

图 5-15　小叶口语沟通行为变化分析图

　　其次,在主动沟通方面。图 5-16 呈现了小叶在基线期、干预期和维持期阶段主动沟通行为次数的变化情况,以及 AB 阶段效果量(G 指数)与不重复数据(PND)百分比的分析结果。

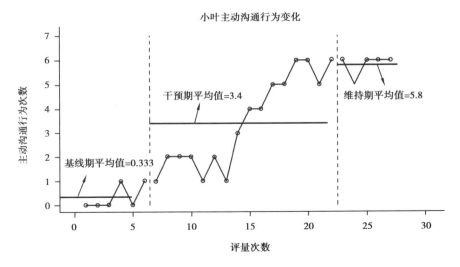

图 5-16　小叶主动沟通行为变化分析图

　　就总体变化趋势而言,小叶的主动沟通行为次数平均值由 0.333(基线期)提升至 5.8(维持期),主动沟通行为水平呈现出明显的上升趋势。小叶在 AB 阶段的 G 指数为 0.367,数值为正,表明主动沟通行为有改善且 SGD 对其主动沟通技能的提升具有中等程度的影响。PND 值为 0.8,说明干预期内有 80%的数据点,其口语沟通行为次数大于基线期。以上数据表明,SGD 干预训练对小叶主动沟通技能的提升产生了中等程度的促进作用。

　　(二)工作技能

　　小叶在基线期、干预期及维持期的工作任务完成度如图 5-17 所示。总体而言,小叶在基线期的工作任务完成度较低,在干预期有所提升,而维持期的工作任务完成度明显高于基线期。

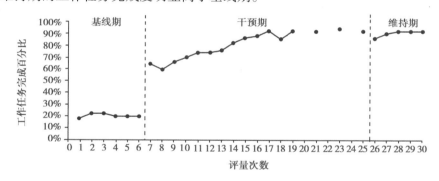

图 5-17　小叶工作任务完成百分比

　　基线期阶段共收集 6 个数据点,工作任务完成度范围为18%~22%,平均值为 20.33%,中位数为 20%,回归线斜率为 0.057($p = 0.894 > 0.05$);在干预期阶段共收集 16 个数据点,工作任务完成度范围为 60%~94%,平均值为 80.5%,中位数为 84%,回归线斜率为 2.294($p < 0.05$);小叶在维持期阶段共收集 5 个数据点,工作任务完成度范围为 86%~92%,平均值为 90.4%,中位数为 92%,回归线斜率为 0.6($p = 0.069 > 0.05$)。说明小叶在基线期的工作技能水平呈现不显著的上升趋势,在干预期的工作技能水平呈现出显著的上升趋势,在维持期的工作技能水平呈现出不显著的上升趋势。

　　图 5-18 为小叶 AB、AM 阶段效果量分析结果。小叶在 AB 阶段的 G

指数为 0.667,数值为正,表明工作技能改善且 SGD 干预训练对其具有较大程度的影响。PND 值为 1,说明干预期内所有数据点均高于基线期,干预效果明显。小叶在 AM 阶段的 G 指数为 0.667,数值为正,表明与基线期相比,维持期的工作技能有所改善且 SGD 干预训练具有较大的影响。PND 值为 1,说明维持期内所有数据点均大于基线期,维持效果明显。以上数据表明,SGD 对小叶工作技能的提升具有较大程度的立即成效和维持成效。通过个案二的实验数据可以看出,SGD 对小叶沟通技能的提升具有中等程度的立即成效和维持成效,对其工作技能干预具有较大程度的立即成效和维持成效。

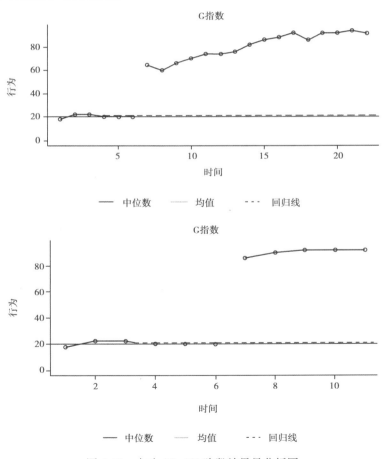

图 5-18　小叶 AB、AM 阶段效果量分析图

第三节 SGD 干预的案例三

一、干预团队成员

干预团队核心成员仍然包括学生本人、学生家长、SGD 干预人员、学生的主要任课教师及其班主任等。学生为小言(化名),男,18 岁,职高二年级,中度智力障碍。SGD 干预人员和前两个案例相同。

二、学生情况评估

整合教师对被试的相关评估资料、研究团队对被试入班观察情况,教师和家长提供的信息,案例三小言的基本信息及能力情况见表 5-7。

表 5-7　案例三的基本信息及能力情况

性别	男
年龄	18 岁
年级	职高二年级
障碍程度	中度智力障碍
沟通能力	1.有主动表达的意愿,但发音不清,说话时声音较尖、音调偏高,表情不自然并伴有多余的肢体动作; 2.无法说出完整的句子,只能用字词表达,对话中很难理解其表达的内容(亟须干预)。
感知运动能力	1.精细动作能力较差,在手工课上的表现一般; 2.粗大动作及身体协调性较好,喜欢篮球运动。
情绪管理能力	情绪平稳,但脾气倔强,对于不喜欢的事物绝不尝试。
认知能力	可以理解简单的课堂指令和问题,认知表现相当于普通小学二年级的阅读和算术水平。
生活自理能力	已发展出独立出行、进食以及穿着等能力,但身体清洁能力有限。
社交能力	班上朋友较多,对老师也比较贴心,经常照顾同学。
工作能力	"桌面清洁""地面清洁"以及"工具整理"三项技能评估结果:工作任务完成度较低,工作任务完成度范围为 12%~16%(亟须干预)。

干预者根据教师和家长的建议、对小言的观察,结合《强化物调查表》,确定了干预正强化物为可乐(最喜欢),负强化物为苹果、香蕉(最不喜欢)。

三、制订干预计划

(一)干预工具

本案例的干预工具与前两个案例相同,均将应用程序 Snap + Core First(Tobii Dynavox)与平板电脑 iPad 相结合,作为干预中使用的 SGD。而且,根据教师和家长提供的信息,以及对小言强化物调查的结果,干预者对沟通技能干预和工作技能干预中所使用的实验材料进行了设计和整理,沟通版面和工作提示版面的设计和前两个案例一致(图 5-19)。在SGD 沟通版面中,每点击一次沟通图卡,SGD 将输出相应的语音,并在"说话"区中有对应的文字显示。如小言点击"我"+"要"+"可乐"的图卡,SGD 将输出"我要可乐"的语音,并在"说话"区域中显示"我要可乐"的中文提示。

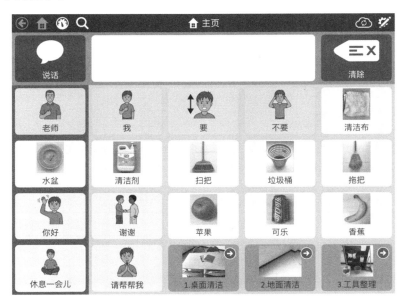

图 5-19　小言的沟通版面

SGD 工作提示版面也和前两个案例一致。"桌面清洁""地面清洁"以及"工具整理"的工作提示版面及流程,详见案例一。

(二)干预内容

在干预训练前,干预者根据教师和家长的建议、对小言的观察及强化物调查,拟订了用于沟通技能干预训练的词汇短语。在拟订小言的沟通词汇短语后,将沟通技能干预训练方案分为图片教学和句型结构教学两个部分。沟通目的也是社交互动和需求表达,训练重点是"我要/不要"句型的表达,其沟通词汇短语见表5-8。

表 5-8　小言的沟通词汇短语

类别	沟通词汇短语
人物类	老师、我
动作类	要、不要
强化类	正强化物:可乐;负强化物:苹果、香蕉
工具类	桌面清洁:清洁布、水盆、清洁剂;地面清洁:扫把、垃圾桶、拖把
社交类	你好、谢谢
需求类	休息一会儿、请帮帮我

在结束句型结构教学后,干预者对小言进行 SGD 工作技能干预训练,共包括 25 个工作步骤。

(三)干预目标

桌面清洁、地面清洁以及工具整理 3 个工作任务的沟通交流、工作技能两方面的目标详见表5-9。

表 5-9　小言的 SGD 干预目标

任务	沟通技能目标	工作技能目标
导入	能在干预者说"小言,你好!"时,使用 SGD 回应"老师,你好。"	

续表

任务	沟通技能目标	工作技能目标
桌面清洁	1.能在缺少水盆时,使用 SGD 主动提出"老师,我要水盆。" 2.能在缺少清洁剂时,使用 SGD 主动提出"老师,我要清洁剂。" 3.在干预者提问是否需要帮助时,能够使用 SGD 表达"老师,请帮帮我!" 4.在干预者提问是否需要帮助时,能够使用 SGD 表达"我不要,谢谢!" 5.在干预者提问"你要什么奖励?"时,能够使用 SGD 回答"我要可乐。" 6.在干预者提问"你要苹果吗?"时,能够使用 SGD 表达"我不要苹果。" 7.在干预者提问"你要休息一会儿吗?"时,能用 SGD 回答"我要休息一会儿!" 8.在干预者提问"你要休息一会儿吗?"时,能使用 SGD 回答"我不要,谢谢!"	1.准备清洁工具 2.戴一次性口罩 3.戴胶手套 4.整理桌面物品 5.用水盆到水池接水 6.放清洁剂 7.搓洗、挤干,对折清洁布 8.擦拭桌椅 9.搓洗并晾干清洁布
地面清洁	1.能在缺少垃圾桶时,使用 SGD 主动提出需要垃圾桶的请求。 2.能在缺少拖把时,使用 SGD 主动提出需要拖把的请求。 3.在干预者提问是否需要帮助时,能够使用 SGD 表达"老师,请帮帮我!" 4.在干预者提问是否需要帮助时,能够使用 SGD 表达"我不要,谢谢!" 5.在干预者提问"你要什么奖励?"时,能够使用 SGD 回答"我要可乐。" 6.在干预者提问"你要香蕉吗?"时,能够使用 SGD 表达"我不要香蕉。"	1.准备清洁工具 2.套垃圾袋 3.由边角往中间扫 4.垃圾集中,扫入簸箕 5.将垃圾倒入垃圾桶 6.用水桶接水

续表

任务	沟通技能目标	工作技能目标
地面清洁	7.在干预者提问"你要休息一会儿吗?"时,能使用 SGD 回答"我要休息一会儿!" 8.在干预者提问"你要休息一会儿吗?"时,能使用 SGD 回答"我不要,谢谢!"	7.浸湿拖把 8.挤干拖把 9.从左往右拖地
工具整理	1.在干预者提问是否需要帮助时,能够使用 SGD 表达"老师,请帮帮我!" 2.在干预者提问是否需要帮助时,能够使用 SGD 表达"我不要,谢谢!"	1.浸湿拖把 2.挤干拖把 3.将废水排入水池 4.清理垃圾袋 5.套新的垃圾袋 6.将垃圾袋投放到回收处 7.清洁工具归位
结束	干预者说"室内清洁的任务已经都完成了,你表现得真棒!"后,能使用 SGD 回答"谢谢老师!"	

（四）干预时间地点

干预场所和前两个案例相同,干预者对小言一周干预一次,每次一个半小时。

四、实施 SGD 干预

沟通技能干预训练方案包括图片教学和句型结构教学两个部分,共包括三个阶段:图片教学、句型结构教学和工作技能教学。具体的教学过程与前两个案例一致,详见案例一。

五、干预结果评估

在每次干预结束 10 分钟后,干预者对小言的工作技能(包括沟通技能和工作技能)进行评量。以"保洁员"为职业样本,干预者让小言执行"桌面清洁""地面清洁"及"工具整理"的工作任务,并对工作完成情况进行记录,以考察其工作技能;同时,在此过程中,干预者通过创设沟通机会,包括引发小言主动表达需求的机会以及需要小言沟通回应的机会,对小言的沟通技能进行考察。

沟通技能的评量,以沟通干预目标基础上制订的《沟通行为观察记录表》为工具,以"沟通行为次数"为单位,干预者在小言执行工作任务的过程中,对其沟通行为产生的次数进行观察记录。

工作技能的评量,以《工作任务完成情况记录表》为工具,以"工作任务完成度(采用百分比形式)"为单位,采用"独立完成(4分)""辅助完成(2分)"及"未完成(0分)"三个等级的记分形式,计算小言在每一工作步骤中的得分。小言在25个工作步骤中的得分总和即为该次评量的工作任务执行得分,而工作任务完成度=(工作任务执行得分÷总的工作任务分数)×100%。

(一)沟通行为

1.沟通行为次数情况

总体而言,小言在未进行干预前基线期的沟通行为次数较少,在 SGD 干预期有所增多,而撤销干预的维持期沟通技能水平较基线期有明显提升。小言在基线期、干预期及维持期的沟通行为次数如图5-20所示。

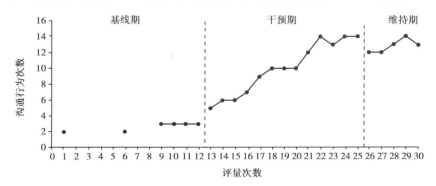

图 5-20 小言沟通行为次数

基线期阶段共收集 6 个数据点,沟通行为次数范围为 2~3,平均值为 2.667,中位数为 3,回归线斜率为 0.229($p=0.041\ 79<0.05$),说明小言在基线期的沟通技能水平呈现出微弱的上升趋势;干预期阶段共收集 13 个数据点,沟通行为次数范围为 5~14,平均值和中位数均为 10,回归线斜率为 0.819($p<0.05$);在维持期阶段共收集 5 个数据点,沟通行为次数范围为 12~14,平均值为 12.8,中位数为 13,回归线斜率为 0.4($p=0.139\ 3>0.05$)。以上数据表明,小言在基线期阶段的沟通技能水平较低,在干预期的沟通技能水平呈现显著的上升趋势,在维持期的沟通技能水平呈现不显著的上升趋势。

如图 5-21 所示,小言在 AB 阶段的 G 指数为 0.667,数值为正,表明沟通行为改善且 SGD 干预训练对其沟通技能提升具有较大程度的促进作用。PND 值为 1,说明干预期内所有数据点的沟通行为次数均大于基线期,干预作用明显。AM 阶段的 G 指数为 0.667,数值为正,表明沟通行为改善且 SGD 对其沟通技能提升具有较大的影响。PND 值为 1,说明维持期内所有数据点的沟通行为次数均大于基线期,维持效果明显。以上数据表明,SGD 对小言沟通技能的提升具有较大程度的立即成效和维持成效。

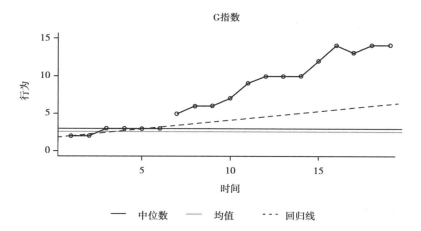

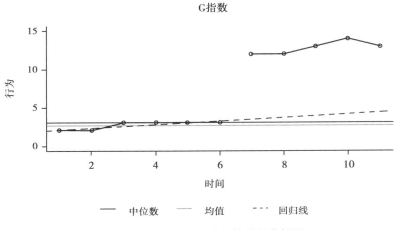

图 5-21　小言 AB、AM 阶段效果量分析图

2.口语沟通与主动沟通

首先,在口语沟通方面。图 5-22 呈现了小言在基线期、干预期和维持期阶段口语沟通行为次数的变化情况。

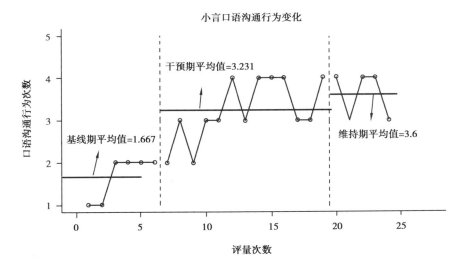

图 5-22　小言口语沟通行为变化分析图

就总体变化趋势而言,小言的口语沟通行为次数平均值由 1.667(基线期)提升至 3.6(维持期),口语沟通行为水平呈现出上升趋势。小言在 AB 阶段的 G 指数为-0.179,表明其口语沟通行为水平有略微的退步,这

可能与小言在干预阶段后期对 SGD 较为依赖有关（使用 SGD 被视为非口语沟通方式）。PND 值为 0.85，说明干预期内有 85% 的数据点，其口语沟通行为次数大于基线期。以上数据表明，在干预中，小言的口语沟通技能水平虽有一定提升，但 SGD 干预训练的作用较为有限。

其次，在主动沟通方面。图 5-23 呈现了小言在基线期、干预期和维持期阶段主动沟通行为次数的变化情况。小言的主动沟通行为次数平均值由 0.833（基线期）提升至 5.8（维持期），主动沟通行为次数呈现出明显的上升趋势。小言在 AB 阶段的 G 指数为 0.167，数值为正，表明小言的主动沟通行为有一定改善，但 SGD 对其主动沟通技能的提升作用较小。PND 值为 1，说明干预期内所有数据点均大于基线期。以上数据表明，在干预中，SGD 干预训练对小言的主动沟通技能有一定的提升作用。

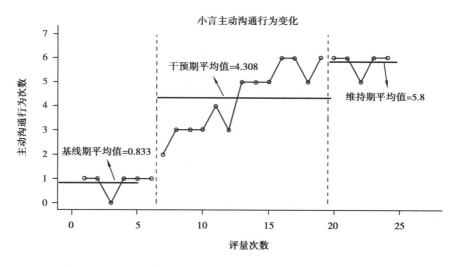

图 5-23　小言主动沟通行为变化分析图

（二）工作技能

小言在基线期、干预期及维持期的工作任务完成度如图 5-24 所示。总体而言，小言在基线期的工作任务完成度较低，在干预期有所提升，而维持期的工作任务完成度明显高于基线期。

基线期阶段共收集 6 个数据点，工作任务完成度范围为 12%～16%，平均值为 13.67%,中位数为 14%,回归线斜率为 0.171($p=0.685>0.05$);在干预期阶段共收集 13 个数据点,工作任务完成度范围为 48%~82%,平均值为 66%,中位数为 64%,回归线斜率为 2.956($p<0.05$);在维持期阶段共收集 5 个数据点,工作任务完成度范围为78%~82%,平均值和中位数均为 80%,回归线斜率为 0.8($p=0.041<0.05$),说明小言在基线期的工作技能水平呈现出不显著的上升趋势,在干预期的工作技能水平呈现显著的上升趋势,在维持期的工作技能水平呈现出微弱的上升趋势。

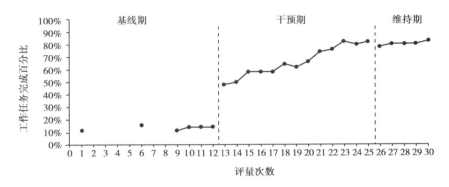

图 5-24　小言工作任务完成百分比

由图 5-25 可知,小言在 AB 阶段的 G 指数为 0.5,数值为正,表明工作技能改善且 SGD 对其工作技能提升具有中等程度影响。PND 值为 1,说明干预期内所有数据点均高于基线期,干预作用明显。在 AM 阶段的 G 指数为 0.5,数值为正,表明工作技能改善且 SGD 干预训练对其工作技能提升具有中等程度的影响。PND 值为 1,说明维持期内所有数据点均高于基线期,维持效果明显。以上数据表明,SGD 对小言工作技能的提升具有中等程度的立即成效和维持成效。通过案例三的实验数据可以看出,SGD 对小言沟通技能的提升具有较大程度的立即成效和维持成效,对其工作技能干预具有中等程度的立即成效和维持成效。

本章三个案例的结果表明,SGD 对小叶沟通技能的提升具有中等程度的立即成效和维持成效;对小莫、小言均具有较大程度的立即成效和维持成效,且 SGD 对三名被试口语沟通技能和主动沟通技能的提升均具有一定促进作用。综上可知,SGD 对智障学生沟通技能的提升具有立即成效和维持成效。一方面,系统化教学策略有助于智障学生学习掌握 SGD 的操作。通过示范、提示、时间延迟、错误纠正以及强化等方法,智障学生可以熟悉 SGD 中的词汇短语,并在此基础上进行构句练习,从而提升沟通技能。另一方面,相对于其他辅助沟通系统(包括手势语、图片交换等)而言,具备高科技技术系统的 SGD 在辅助沟通方面具有显著优势。

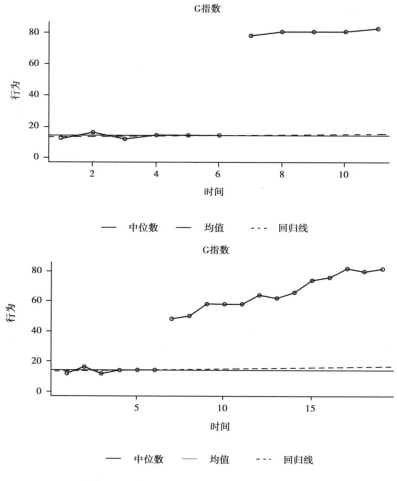

图 5-25 小言 AB、AM 阶段效果量分析结果

主要参考文献

［1］陈强,徐云. 辅助沟通系统及实用技术［M］. 北京:科学出版社,2011: 35-42.

［2］Beukelman D R,Mirenda P. 扩大和替代沟通:支持有复杂沟通需求的 儿童与成人［M］. 蓝玮琛,等译. 4 版. 北京:华夏出版社,2020.

［3］厦门市特殊教育资源中心编委会. 我是一名校园保洁员(基础版)教 师、家长用书［M］. 长春:东北师范大学出版社,2019.

［4］徐九平. SGD 在智障学生工作技能提升中的应用研究［D］. 华中师范 大学,2020.

［5］杨炽康. 以活动为本位的辅助沟通系统介入三部曲模式:从无到有之 创建历程［M］. 台北:华腾文化,2018.

［6］Bennett K D,Honsberger T. Further examination of covert audio coaching on improving employment skills among secondary students with autism ［J］. Journal of Behavioral Education,2013(2):103-119.

［7］David,Cihak F,Kelby,et al. Use of a handheld prompting system to transition independently through vocational tasks for students with moderate and severe intellectual disabilities［J］. Education and Training in Developmental Disabilities,2008,43(1):102-110.

［8］Smith K A,Shepley S B,Alexander J L,et al. The independent use of self-instructions for the acquisition of untrained multi-step tasks for individuals with an intellectual disability:A review of the literature［J］. Developmental Disabilities Research Reviews,2015,40:19-30.

前瞻篇

练一名授课老师和两名教学助理学习操作用于教学的 SGD,发现所有参与者使用 SGD 进行干预的能力均得到了提高①。Larah 等人以护理人员为研究对象,建议培训发展性障碍成人的直接护理人员掌握基于 iPad 的 SGD 干预能力②。Helena 等人还研究了语言学家对于使用 SGD 的社交伙伴的训练实践,主张要帮助干预伙伴掌握沟通伙伴策略,并运用适当的教学方法对他们进行训练③。

二、研究内容由简单向复杂发展

以往的研究侧重于基于 iPod 或 iPad 应用 SGD,使语言能力有限的个体能够进行交流。然而,这些研究中的沟通技能大多仅限于命名图片或提出请求以获取所需物品。当前,越来越多的研究开始关注 SGD 应用于更为复杂的社交行为(如问候、交谈、评论)时的效果,同时基于 iPod 或 iPad 实施 SGD 干预的社会效度也得到了一定重视④。

此外,研究者们的关注点由依托 SGD 进行干预转移到了对 SGD 干预效果的研究。在先前的研究中,SGD 主要被用作某些技能干预的传递系统或作为实施某些干预策略的一种手段,而非将 SGD 本身作为干预措施⑤。例如,以往的学者更多关注被试能否学会操作 SGD,何种教学策略可以用于教会有语言障碍和严重认知障碍的个体使用 SGD 提出请求,在

①　Senner J E,Baud M R. The Use of an Eight-Step Instructional Model to Train School Staff in Partner-Augmented Input[J]. Communication Disorders Quarterly,2016,38(2):89-95.

②　Van der Meer L,Waddington H,Sigafoos J,et al. Training direct-care staff to implement an iPad Ⓡ-based communication intervention with adults with developmental disability[J]. International Journal of Developmental Disabilities,2017,63(4):246-255.

③　Tegler H,Pless M,Johansson M B,et al. Speech and language pathologists' perceptions and practises of communication partner training to support children's communication with high-tech speech generating devices[J]. Disability and Rehabilitation:Assistive Technology,2019,14(6):581-589.

④　Kagohara D M, van der Meer L, Ramdoss S, et al. Using iPods(Ⓡ) and iPads(Ⓡ) in teaching programs for individuals with developmental disabilities:a systematic review[J]. Research in Developmental Disabilities,2013,34(1):147-156.

⑤　Kagohara D M, van der Meer L, Ramdoss S, et al. Using iPods(Ⓡ) and iPads(Ⓡ) in teaching programs for individuals with developmental disabilities:a systematic review[J]. Research in Developmental Disabilities,2013,34(1):147-156.

干预后他们是否会使用 SGD 自发地展示请求技能①。而如今,研究者们注重将 SGD 与各类干预策略相结合,探究 SGD 对有语言障碍的群体的干预效果,检验 SGD 可以整合进何种干预策略并发挥最佳干预效果。当前研究中使用的主要干预策略包括系统化教学策略、同伴介入策略、行为链中断策略和适应性干预策略等。

三、研究路径由实践向实证演进

以实验为导向的实证方法和策略是特殊教育研究的核心专业价值②。Mirenda 指出,SGD 研究中循证实践的发展具有两种不同但相关的演进路径,即传统的研究—实践途径和目前更为常见的实践—研究途径③。依据循证实践的逻辑,实验研究方法用于确定哪些策略和实践最有可能产生预期结果。同样,基于证据的 SGD 实践也应使用透明、可复制和客观的方法来开展研究,以便将这些研究与经验总结区分开来。鉴于特殊学生的个体差异性,单一被试实验研究方法在特殊教育研究领域备受青睐。近年间,这一实证研究方法同样被引入 SGD 相关研究中,并用以检验 SGD 的应用成效。不过值得注意的是,由于评估干预措施的证据基础需要综合大量研究的结果,为检验单一被试实验研究的质量以及干预措施的效果,也有研究者在使用元分析对 SGD 单一被试实验研究进行汇总与评估方面取得了一定进展。在 SGD 相关研究中,元分析已被用于确定一些干预措施对不同特殊学生在不同情境下的干预效果,并用于明确哪些因素能够促进 SGD 发挥干预效果④。应用元分析明确 SGD 的

---

① Banda D, Copple K S, Koul R, et al. Video modelling interventions to teach spontaneous requesting using AAC devices to individuals with autism:A preliminary investigation[J]. Disability and Rehabilitation,2010,32(16):1364-1372.

② Barton E E,Pustejovsky J E,Maggin D M,et al. Technology-aided instruction and intervention for students with ASD:A meta-analysis using novel methods of estimating effect sizes for single-case research[J]. Remedial and Special Education,2017,38(6):371-386.

③ Mirenda P. Values,practice,science,and AAC[J]. Research & Practice for Persons with Severe Disabilities,2017,42(1):33-41.

④ Ganz J B,Rispoli M,Mason R A,et al. Moderation of effects of AAC based on setting and types of aided AAC on outcome variables:An aggregate study of single-case research with individuals with ASD[J]. Developmental Neurorehabilitation,2014,17(3):184-192.

干预效果不仅对推动该领域的发展至关重要,而且对指导实践者做出教育和干预决定也至关重要。

四、研究取向由验证向应用过渡

通过一系列的实证研究,SGD 的干预效果得到了一定的验证,但SGD 的效果验证是为了更好地指导实践,研究者们在进行研究的同时也在大力推动 SGD 的实际应用。然而,从研究过渡到应用还需考虑多重因素,重要因素之一就是外界是否认可 SGD。Kathy 指出,对于有严重沟通障碍的人来说,SGD 可能是一种赋予他们声音以进行日常生活的重要技术,但 SGD 并未被所有人接纳,使用者需要考虑周围人对SGD 的看法和感受①。Boyd 提出了应用 SGD 时需要考虑的五个重要因素:(1)定制应用程序的可能性。(2)学生操作系统所需的运动技能。(3)干预所需的资源和时间。(4)应用程序的研究或循证实践。(5)使用特定设备和应用程序的成本②。同时,为家庭提供持续的专业支持是至关重要的。Anderson 等人基于对父母和语言病理学家的意见分析,建议向家长提供 SGD 培训,包括:(1)SGD 故障的技术指导。(2)有关辅助语言发展的措施指导。(3)家庭练习策略的内容,包括响应能力、辅助语言刺激和管理学生的动机③。还有研究者为特殊教育老师提供培训,帮助其完成创建学生档案、进行 SGD 偏好评估、设备编程以及在自然环境中开展干预等任务④。

此外,越来越多的学者开始关注 SGD 如何在日常生活中使用的问题。例如,如何在课堂中使用 SGD。因为研究发现使用 SGD 输出语音不

---

① Howery K. When my voice is not my voice: Speaking through a speech generating device [J]. Phenomenology & Practice, 2018, 12(1): 4-17.

② Boyd T K, Barnett J E, More C M. Evaluating iPad technology for enhancing communication skills of children with autism spectrum disorders[J]. Intervention in School and Clinic, 2015, 51(1): 19-27.

③ Anderson K L, Balandin S, Stancliffe R J. "It's got to be more than that". Parents and speech-language pathologists discuss training content for families with a new speech generating device [J]. Disability and Rehabilitation: Assistive Technology, 2014, 11(5): 375-384.

④ Alzrayer N M, Banda D R. Implementing tablet-based devices to improve communication skills of students with autism[J]. Intervention in School and Clinic, 2017, 53(1): 50-57.

够及时,往往需要等待若干秒,所以要探究如何保障特殊学生能在普通班级的课堂中及时、有效地使用 SGD。Tegler 探讨了两名伴有脑瘫的智障学生在普通班级中如何利用眼睛注视技术(Eye-gaze Technology)使用 SGD,被试为 14 岁女性和 18 岁男性。研究发现在调整课堂互动模式,给学生预留出足够的反应空间后,就能够在一定程度上保证班级中学生与教师的有效且持续的互动①。

第二节　SGD 研究的创新方向

由第一节可知,SGD 是一个快速发展的研究领域,相关研究的选题和数量都日渐增多,尤其是与特殊教育相结合的研究领域,研究对象逐渐多元,研究内容不断丰富,研究路径和研究取向也开始革新。SGD 作为 AAC 技术的主要手段之一可以帮助有语言障碍的智障学生减少因语言理解或表达等困难而引起的不便,同时还能帮助个体在一定程度上获得语言发展,而语言能力又能够影响智障学生的职业技能表现与就业转衔的成效。由此可见,科学有效地使用 SGD 对于有语言障碍的智障学生实现就业转衔有促进意义。近年来,SGD 在特殊教育领域的研究已初具规模,但回顾国内外已有文献发现,目前关于 SGD 在有语言障碍的智障学生,特别是智障学生就业转衔中应用的研究数量还较为有限,在研究主题上仍有较多发展空间。为进一步指导 SGD 相关的研究与实践,以满足智障学生的沟通及就业等需求,研究者们仍需加强对该领域的研究,在既有成果基础上,从以下几方面开展纵深探究。

一、整合现代科学技术,优化 SGD 干预效果

SGD 是利用 iPad 等高科技设备发挥功能的干预技术。近年来,我国不断加快科学技术的发展,科技在教育中的地位和作用不断提升,给人们

①　Tegler H, Demmelmaier I, Johansson M B, et al. Creating a response space in multiparty classroom settings for students using eye-gaze accessed speech-generating devices[J]. Augmentative and Alternative Communication,2020,36(4):203-213.

的生活,以及教育教学活动带来了巨大的改变,包括特殊教育领域。而未来社会将是信息化社会,现代技术将不断革新,我们也应探索如何将最新的科学技术与 SGD 相结合,促进 SGD 技术持续的优化,提升 SGD 干预效果并探究如何更好地服务于特殊学生。具体的优化思路如下:

第一,未来 SGD 技术革新的关键领域之一就是语音,SGD 语音的音调、音质、音量应更切合使用者和沟通伙伴的沟通需要。综合已有研究可以发现,不少使用者反映部分 SGD 输出的语音太过机械,语音语调不够自然,令使用者和沟通伙伴感到尴尬。同时,也有使用者反映在嘈杂的环境中使用 SGD 时会受到干扰,听不清楚输出的语音。因此,研究者们应着力于改善 SGD 的音质,提高其输出的音质,并使之更加自然。

第二,SGD 的语音内容对沟通效率有着极大的影响,用于沟通训练的词汇、句子及句式等都需要进一步的改进。当前大部分 SGD 依赖于事先录入的文字和录制好的语音,所以智障学生可用于沟通的词汇、语句有限,沟通内容也不够灵活多样。如此一来,智障学生在沟通时往往会受限于版面,无法表达版面之外的沟通内容。同时,大部分研究者都是根据被试的已有能力和现实需要,自编对话脚本作为教学内容进行教学干预。然而,在沟通技能泛化的过程中,智障学生往往会面临多种更为复杂的情境。日常生活涉及方方面面,生活情境变化万千,实际生活并不会按照完全设计好的脚本进行。因此,被试的沟通表达内容受限。而且因版面大小固定,句子的结构也并不能句句都符合常规,被试所习得的词汇与句构并不能满足其所有的沟通需求①。例如,在日常生活中雇主、朋友、同事等沟通伙伴的问好方式更为多样、生活化,当出现脚本之外的问题时,智障学生可能无法及时使用 SGD 做出适当的回复。再者,当学生处在不同的环境时,SGD 的词汇就需要改变。因此,研究者需要通过广泛的调查,开发能匹配不同环境的沟通词汇,如通过调查雇主、同事及就业环境中的其他相关人员,了解不同工作情境下学生进行日常沟通交流需要使用的词语、短语和句子等,以提高沟通效率。此外,智障学生的能力和需求参

---

① 周喜梅. 运用 AAC 提升低口语智力障碍成人沟通能力的个案研究[D]. 四川师范大学,2020:70.

差不齐,同一款 SGD、统一的词汇与句式未必能够满足不同智障学生在干预训练和日常社会交往时的个性化需求。因此,研究者们在设计 SGD 干预内容时,应根据智障学生现有的认知能力,当下及未来的生活需要、喜好等,创建多种情境脚本。这些情境脚本还要符合真实语境下的沟通需求,沟通词汇和句子一定要生活化。

第三,SGD 在实际生活中的可应用性和可操作性也有待加强,未来研究者们应依托于新的技术,为包括智障学生在内的特殊学生提供在更多情景应用 SGD 可能性,如在课堂互动和展示自我、在职场中有效沟通等。虽然已有文献表明,SGD 是包括智障学生在内的残疾人士有效的功能性沟通手段,但是大部分常见的 SGD,如 iPad 和 iPod,可能并不适用于失明或严重视力障碍的人,也不适用于精细动作能力差的智障学生,因为他们难以有效地操作这些设备,如在触摸屏上点击正确的图片或选项①。因此,如何使 SGD 更好地服务于有视力障碍或精细动作能力不佳的智障学生也是研究者们应当继续思考的重要问题。国际上针对此问题已有一定的突破。2016 年,Lancioni 等人开发了一种替代性 SGD,该 SGD 将软件中的图片替换为有图案或有盲文单词的卡片,代表着使用者可以发出请求的内容。这些卡片中内含光学传感器,使用者可以根据需要选择卡片或标签,放置在对应的设备上,通过光学传感器使设备发出对应的请求语音②。在实际应用中,使用者可以通过智能手机和微型卡片操作 SGD。虽然在便携性方面,该产品还有待提升,但是这种新型 SGD 的确在多重障碍人士领域取得了一定的突破,如伴有视力障碍的智障学生得以使用 SGD③。也有研究者证明了该技术的干预有效性,在 2017 年 Carlo 的跨被试多基线实验研究中,5 名智力障碍人士通过这种新型 SGD 技术发出请

---

① Van der Meer L, Achmadi D, Cooijmans M, et al. An iPad-based intervention for teaching picture and word matching to a student with ASD and severe communication impairment[J]. Journal of Developmental and Physical Disabilities, 2015, 27:67-78.

② Lancioni G E, Singh N N, O'Reilly M F, et al. A speech generating device for persons with intellectual and sensory-motor disabilities[J]. Journal of Developmental and Physical Disabilities, 2016, 28:85-98.

③ Meder A M, Wegner J R. iPads, mobile technologies, and communication applications: A survey of family wants, needs, and preferences[J]. Augmentative and Alternative Communication, 2015, 31(1):27-36.

求,他们将带芯片的图卡放到智能手机背面,经过识别后,智能手机就会发出短暂的振动并发出对应的请求语音①。在 11~15 次干预之后,所有被试均掌握了使用 SGD 发出请求的方法。

第四,SGD 应利用信息技术,促进自身智能化。在现代化和信息化的时代潮流下,近年来新信息技术、新思维方式层出不穷、方兴未艾,并且以前所未有的速度和方式不断改造、颠覆传统的社会结构,手机、iPad 等移动终端设备逐步应用到特殊教育当中,成为新的沟通辅具载体②。因此,SGD 与移动互联网深度结合并向高科技方向发展将成为新的趋势。事实上,"听我说"这一语音沟通软件已初具智能化,一方面可以通过历史记录功能让使用者直接点选句子而不需要重构新的句子。另一方面,"我的最爱"板块可以将常用句子在完成系统化的编辑后,让使用者进行更有效率的沟通③。未来,基于信息技术的发展,不断升级现有的 SGD 技术,SGD 不仅可以提供更个性化的操作版面,或许还可以在使用过程中建立使用者的个性化数据库,基于其年龄、身份、历史记录等信息,自动识别使用者的语言偏好、语言能力及沟通需求,在不同的沟通情境下呈现符合该主题的词语和句子,供使用者选择,以期提高沟通效率。

第五,除了声音和语音内容问题,SGD 所依托设备的便携性也有待提高。目前,SGD 大多基于移动设备使用,但是在实际工作情境中一直操作平板电脑或手机并不符合大部分工作的职业规范。根据第四章的访谈结果可知,智障学生及家长对 SGD 的共同期望之一就是它能够更加便携,操作更加简便。因此,研究者可以考虑将 SGD 与可穿戴式设备结合。可穿戴技术是结合智能传感器的最新商业技术创新,旨在提供持续的、便携式的和免提式的技术④。智能手表就是最具代表性的现代可穿戴技术之

①　Ricci C,Miglino O,Alberti G,et al. Speech generating technology to support request responses of persons with intellectual and multiple disabilities [J]. International Journal of Developmental Disabilities,2017,63(4):238-245.

②　刘亚楠,刘建军. 辅助沟通系统在孤独症儿童交流训练中的应用[J]. 中国康复理论与实践,2017(23):410-414.

③　师家璇,黄珊. 绘本融入沟通辅助系统提升智碍学生情绪表达能力的个案研究[J]. 现代特殊教育,2018(20):16-21.

④　GCFGlobal. Wearable technology and wearable devices:Everything you need to know[EB/OL].http://www.wearable devices.com/what-is-a-wearable-device,2020-03-28.

一,智能手表与其他已连接的设备和运营商交换数据,无须任何人工干预,使用者可以通过智能手表访问多个应用程序①。但同时要注意到可穿戴式设备与移动设备的不同,如智能手表的屏幕尺寸有限,这将对 SGD 的版面设计提出更高的要求。

此外,电池寿命、设备的耐用性和可靠性等问题也会影响 SGD 使用者在就业环境中的表现和参与,所以也需纳入研究者未来的研究范围。

二、完善 SGD 研究设计,推广 SGD 干预成效

纵观已有国内外研究发现,无论是国内还是国外,大部分的研究使用单一被试实验设计,实验结果来自单个或少数被试,可推广性有限。而且,已有的研究虽然涉及跨情境的实验设计,但是大多为一或两个情境,其研究结果同样难以推广。因此,若想获取更有代表性的实证数据,研究者们必须改进研究设计,进行更为严格且大量的实证研究,证明 SGD 在干预就业转衔服务中智障学生沟通能力的有效性。

一方面,相关研究的规模有待进一步扩充,以提高研究的外在效度。同时,智力障碍是一个"伞式"的词语,它所包含的群体众多且差异明显。部分智力障碍人士有明显的口语沟通问题,但威廉氏症候群、普瑞德威利式症候群等群体并没有明显的口语沟通障碍。即便是有沟通困难的智力障碍人士,他们存在困难的原因也不尽相同。此外,多数智障学生还伴有其他障碍,如自闭症、多动症等,这会使他们的干预需求更加复杂②。而且,由于障碍程度、能力现状、生活环境等差异,不同智障学生差异颇大。因此,未来研究者们也要关注 SGD 在不同智障学生中的干预效果的研究,如以智力水平、语言能力、伴随障碍、教育安置等因素为变量进行对比研究,还可以探究不同语言能力水平的智障学生的 SGD 有效干预策略,以将 SGD 的促进作用发挥到最大。最终,将研究结果推广至更多的智力

① Fichten C S, Asuncion J, Scapin R. Digital technology, learning, and postsecondary students with disabilities: Where we've been and where we're going[J]. Journal of Postsecondary Education & Disability,2014,27(4):369-379.

② 杨炽康. 以活动为本位的辅助沟通系统介入三部曲模式:从无到有之创建历程[M]. 台北:华胜文化,2018:8-8.

障碍群体中。

另一方面,研究者们不仅要关注智障学生本身,还要关注与其干预、沟通、就业等方面紧密相关的利益相关者,如教师、家长、同伴、雇主及同事等,他们不仅在干预过程中、未来的生活中承担着沟通伙伴的角色,还会不断影响智障学生的就业转衔及生涯发展。研究者们也要聚焦于这些利益相关者们对于智障学生使用 SGD 的看法,并探究如何改善他们的态度,提高社会接纳度。

最后,智障学生存在技能泛化的困难,研究者们在未来的研究设计中应注重在不同干预情境中智障学生沟通技能的泛化,可以在至少三个情境中使用多基线跨情景的单一被试实验设计①。因为,在固定情境下进行干预和练习,无法确定智障学生是否真正地掌握了对话的意义。当情境更换时,则能够更好地了解被试在不同真实情境下的反应,以观察干预后的真实效果。同时,沟通伙伴不应当仅限于校内的教师或家长,应涉及现实生活的方方面面。因此,未来的研究设计应不仅限于实验室、学校或工作环境,还可以将干预情境拓展到家庭和各种社会环境,将沟通对象扩大到其他家庭成员、社区相关人员等,以期在更为真实的情境中引导智障学生学会使用 SGD 与他人进行有效沟通。

三、关注沟通能力发展,持续干预沟通问题

已有的国内外研究经分析发现,目前缺少对智障学生较为复杂的社交和沟通技能的干预。虽然发出请求、表达需求是很关键的沟通技能,但是这仅占据个体在日常生活中沟通的一小部分。未来的研究可基于干预对象的实际需求,培养更为复杂的沟通技能,满足其更高的沟通需要。针对就业转衔阶段的智障学生,还要考虑到其在工作场景中的沟通需要,如交接工作、建立友谊及汇报工作等。同时,还要有意识地提高干预对象进

---

① 　Van der Meer L,Waddington H,Sigafoos J,et al. Training direct-care staff to implement an iPad Ⓡ-based communication intervention with adults with developmental disability[J]. International Journal of Developmental Disabilities,2017,63(4),246-255.

行沟通的内在动机①。根据以往研究可知,有部分家长、教师表示过对学生干预后会依赖 SGD 而减少口头表达的担忧。所以,研究者们也要进一步研究使用 SGD 干预后,智障学生的在沟通动机、口语表达方面的变化。另外,对于有一定认知能力的智障学生,研究者们不仅要注重句构练习,还要注重智障学生对句子的理解,并在不同情景中训练句构,使他们有学习变通的机会,提高自身沟通能力。

此外,大部分研究仅关注某一时刻智障学生沟通能力的改善,缺少对沟通能力的持续追踪。即使是有维持期的单一被试实验设计,维持期也较为短暂。事实上,虽然智障学生的沟通能力在干预过程中明显提升,但是由于干预时间有限,被试所习得的沟通技能未必得到了充分的巩固和维持,因此难以保证在干预结束了较长的一段时间后,被试的沟通能力仍然可以维持②。对于就业转衔阶段的智障学生而言,研究者应当将他们的生活、转衔、就业等沟通需求纳入到干预目标中,而非仅仅关注短时间内沟通能力的提升。同时,在干预结束后,要定期开展追踪研究验证 SGD 的干预效果,并根据智障学生不同阶段遇到的沟通问题开展进一步的研究。

四、聚焦多种干预策略,丰富 SGD 协作机制

已知当前的 SGD 干预研究主要应用系统化教学策略、同伴介入策略、行为链中断策略及适应性干预策略四种干预策略。但目前何种 SGD 干预策略能够更有效地发展就业转衔阶段智障学生的沟通能力、不同干预策略对不同障碍程度智障学生的促进效果如何,均有待研究者们进行进一步的对比研究。同时,智障学生是不断发展的个体,尤其是就业转衔阶段的智障学生面临着身份的转变,单一的干预策略难以充分满足其发

---

① Ganz J B, Morin K L, Foster M J, et al. High-technology augmentative and alternative communication for individuals with intellectual and developmental disabilities and complex communication needs; A meta-analysis[J]. Augment Alternative Communication, 2017, 33(4): 224-238.

② 黎玺. 在学校日常生活情境中运用 AAC 提升脑瘫儿童沟通能力的个案研究[D]. 四川师范大学, 2020: 72-74.

展需要。研究者们可考虑将多种干预策略相结合,将 SGD 的干预效果发挥到最佳。研究者们还可以结合新的教学理论,探究更多可能与 SGD 相结合的干预策略,设计并实施不同的训练方案,以丰富相关的研究。此外,无论使用何种干预策略,在干预过程中,应避免单纯的沟通训练,要注重与智障学生的情感交流,不可忽视智障学生与沟通伙伴的眼神交流。如果智障学生只是低着头使用 SGD 与人沟通,这样的干预将会收效甚微。干预者应当提醒智障学生在点选完词汇或句子之后,观察沟通伙伴的反应,确定对方已经接收到自己所传达的信息,而且在对方有继续沟通的意愿时能够积极地回应。

五、立足多元文化视角,深入推进实证研究

已有的相关研究大多来自国外,且主要集中于英美两国,虽然同样具有重要的参考价值,但由于不同国家在经济文化背景、价值观念、专业人员水平以及智障学生接受职业培训的环境等方面存在差异,外国的实践和研究无法直接适用于我国。在这种情况下,各国更应重视立足本土实际,推进 SGD 在智障学生就业转衔服务中的应用,从而为 SGD 干预方案的选择和实施提供本土化的实证依据。例如,从有效的干预策略、影响 SGD 应用效果的因素、SGD 在不同智力障碍群体中应用效果等方面进行探究。

推进各国相关研究本土化的路径主要有三条:一是基于国家层面的倡导,建立本土化研究机构。在国家的支持下,高校研究者们可与学校或教育机构形成合力,组建专门的研究团队,系统化地推进相关研究。二是各国学术界对外来理论和本土经验进行持续的反思,即理性分析国内外研究经验,选择性借鉴,并探索适合本国研究的发展路径。三是基于国际主流研究范式,探索对本国现实问题的实证研究。研究者们在进行研究时,既要参考国际上相关的研究热点、符合研究规范,也要保留自身的文化特色、切合本国人民利益,解决本国在相关领域中较为突出的研究问题。

第三节　SGD 实践的本土路径

国内外研究者已对 SGD 在语言障碍人士沟通与交往方面的应用进行了研究,国外的循证实践研究表明,基于平板、手机等便携式触屏设备的 SGD 对包括智障学生在内的有语言障碍人士的沟通、社会交往、技能掌握等方面均能产生积极影响①。然而,我国的相关实践活动还处在初步尝试阶段,许多相关专业人员以及学生家长对 SGD 的认识尚不充分。鉴于就业对于智障学生社会融合与生活质量的重要意义,以及当前国家对智力障碍群体就业、转衔等领域的关注与支持,SGD 在就业转衔阶段智障学生语言障碍干预仍需要立足于我国文化土壤,可围绕以下实践活动进一步探究。

一、运用现代信息技术,加强 SGD 系统的本土研发

在国外,已有多款可用于 SGD 的应用程序,如 Proloquo2Go、GoTalk No、Tobii Dynavox 和 SPEAKall! 等。但大部分程序尚未提供汉化版本,使用起来则会相对复杂,干预人员需要将中文文本输入计算机系统,在应用过程中还要进行中英文系统的切换,这增加了自适应访问(自动调整操作方式)计算机的复杂性,会影响程序的运行速度和准确性。部分 SGD 提供汉化版本,如 Tobii Dynavox 公司开发的 Snap+Core First 是基于图片符号的辅助沟通应用程序,可根据用户能力和兴趣进行个性化编辑,具备调整网格大小、隐藏或显示图片符号、更改按钮颜色、选择高亮显示等功能。目前该应用程序提供 iOS 和 Windows 两个操作系统的汉化版本,可与平板电脑等移动设备(如 iPad 和 iPod)结合使用。但有研究者提出,在不同语言和文化背景下,即便使用了同一款 SGD 应用程序,经语言转化

---

① Dube W V, Wilkinson K M. The potential influence of stimulus over selectivity in AAC: information from eye tracking and behavioral studies of attention with individuals with intellectual disabilities[J]. Augmentative and Alternative Communication, 2014, 30(2): 172-185.

后,其应用效果会有很大差异①。因此,我们需要加强 SGD 技术系统及其应用程序的本土研发,以更好地适应汉语的语言规则和表达习惯,从而提高 SGD 的接受度和可用性。目前,国内已经开发出专门应用于自闭症等发展性障碍儿童语言干预的中文应用软件"小雨滴""语你同行""AAC 好沟通""点图会说""听我说"②,重庆市江津向阳儿童发展中心推出的啾啾语音沟通板,以及我国台湾学者杨炽康等人推出的"听我打""听我说"沟通软件等③,这些软件在儿童语言发展等领域的干预效果也得到了一定的验证。但是以上中文应用软件主要是针对自闭症儿童及有语言障碍的群体开发的,并非针对智障学生,这些软件应用于就业转衔阶段的智障学生的效果亟需学者进行验证。因此,一方面,我国研究者可将我国已有的 SGD 应用软件尝试应用于不同语言障碍程度的就业转衔期智障学生,进行干预实验或教学研究,探究并验证其干预效果,并在此基础上对 SGD 技术进行优化。另一方面,研究者们可考虑改进国外已有 SGD 软件的汉化版本,使其更符合我国智障学生的学习特点、语言机制、教育环境,并展开更大规模的本土化研究。此外,我国研究者更应与各领域的专业人才、科技公司等社会力量合作,吸取已有成功经验,不断与现代高科技相结合,加强本土化 SGD 的研发并进行效果验证,以在国内更好地推广。

二、结合家庭学校社会,推进 SGD 干预的循证实践

SGD 干预并不是单独由研究者或干预人员执行操作的过程,而需要利益相关群体的共同参与,且干预过程中所使用干预策略的效果需通过实践加以验证。国外研究者发现,由非研究者们(如父母、护理人员及其他沟通伙伴)实施 AAC 干预,能够更有效地改善被试沟通能力,且在自然

---

① Tonsing K M, van Niekerk K, Schlunz G, et al. Multilingualism and augmentative and alternative communication in South Africa-exploring the views of persons with complex communication needs[J]. African Journal of Disability,2019,8:1-13.

② 陈静,王庭照. 近十年来 iPad 在自闭症儿童干预中的应用研究. 现代特殊教育,2019,(8):45-52.

③ 齐红. 辅助沟通系统训练对无口语智障儿童沟通能力的影响研究[D]. 西南大学,2018:66.

情景下使用 AAC 更可能促进沟通技能的泛化①。国外研究者十分重视对家长、教师、同伴甚至护理员等群体进行专业培训,还会组建跨学科、跨群体的合作团队,并在实践中分析干预策略的效果,以提升 SGD 的干预质量。反观我国,SGD 干预存在两个突出问题:一是家长、教师、雇主缺乏专业的背景和知识,相关的专业培训也未及时跟进;二是 SGD 干预策略的相关研究缺乏实践基础。因此,未来我国应由专业人员对上述群体开展 SGD 培训,并普及已有的 SGD 干预策略,鼓励学校、家庭和社会在干预过程中实践操作并验证效果,以期丰富我国本土化 SGD 干预研究成果。同时,还要促使学校、家庭和社会形成合力,共同探明有效的 SGD 干预策略,提升干预效果。

三、重视重要他人引领,改善 SGD 应用的理念认同

沟通伙伴及生活情景中他人对智障学生应用 SGD 的看法的研究也不容忽视。国外研究发现,沟通伙伴(如教师或治疗师)对 SGD 干预方案的接受度和 SGD 在使用者日常生活中发挥的效用之间存在显著相关关系②。也就是说,沟通伙伴可能是未来教育和康复环境中应用 SGD 干预智障学生语言障碍的重要因素,SGD 对使用者本身语言能力的提高作用并不能完全保证其干预的有效性,还在一定程度上取决于周围沟通伙伴对应用 SGD 的看法。但是,国内目前鲜有关于教师、家长、雇主等重要他人对智障学生在就业转衔中使用 SGD 的认识、态度等相关研究。而且,结合第三章和国内已有研究可知,整体而言,当前国内家长、教师对 SGD,甚至是 AAC 的认识程度较低③,也并不了解 SGD 的重要性,还有些人从未听说过 SGD,而且老师和家长在实际应用中也存在着诸多困难。所以

---

① Hong E R,Ganz J B,Gilliland W,et al. Teaching caregivers to implement an augmentative and alternative communication intervention to an adult with. Autism Spectrum Disorder[J]. Research in Autism Spectrum Disorders,2014,8(5):570-580.

② Achmand D, van der Meer L, Sigafoos J, et al. Undergraduates' perceptions of three augmentative and alternative communication modes[J]. Developmental Neurorehabilitation,2015, 18(1),22-25.

③ 汪菲. 教师与家长对辅助沟通系统认识及运用情况的调查研究[D]. 华东师范大学,2015:78-82.

研究者们可以针对教师、家长、雇主等重要他人在智障学生就业转衔中对 SGD 的认识和应用现状进行调查,包括对 SGD 的认识、对 SGD 在智障学生就业转衔中应用的态度、运用现状、存在困难以及支持需求,并探究如何改善家长、教师、雇主等人对智障学生使用 SGD 的认识,改善他们对 SGD 的接纳度。

四、加强干预人才培训,建立 SGD 实施的本土程序

纵观已有国内外研究不难发现,尚无统一的 SGD 干预人员培训系统。智障学生因其认知能力有限,更需要有能够支持其语言和社交能力发展的沟通伙伴[①]。而当前的 SGD 对于社交伙伴及使用者的训练还十分有限[②],大部分研究中的干预人员是研究者本人或是经由研究者培训过的研究生助手、家长或教师等人。不同研究者的培训过程和培训标准参差不齐,这难以保障干预过程以及干预效果的科学性。我国同样缺乏专业的 SGD 相关人才,缺少对 SGD 的理论和应用的研究和实践,需要加强相关人才培养以促进 SGD 理论和实践的发展。研究者们可联合相关部门、社会组织建立跨学科的 SGD 评估和服务团队,为智障学生使用 SGD 提供专业支持和服务支持,以促进智障学生实现成功就业和持续就业。同时,建立专业人才团队,为有需要的师生、家长提供 SGD 操作知识与技能的培训,促进 SGD 在智障学生在就业转衔中的应用。事实上,SGD 干预通常需要支持家长、教师等在生活中与智障学生直接接触的人员实施干预,并成为具有支持性的沟通伙伴[③]。不少学者表明,智障学生的家长、教师等社交伙伴是最佳的干预执行者,可以被纳入到教学训练中[④]。

---

① Tegler H,Pless M,Johansson M B,et al. Speech and language pathologists'perceptions and practices of communication partner training to support children's communication with high-tech speech generating devices[J]. Disability and Rehabilitation:Assistive Technology,2019,14(6):581-589.

② Anderson K,Balandin S,Stancliffe R. Australian parents'experiences of speech generating device (SGD) service delivery[J]. Developmental Neurorehabilitation,2014,17(2):75-83.

③ Kent-Walsh J,Murza K A,Malani M D,et al. Effects of communication partner instruction on the communication of individuals using AAC:A meta-analysis [J]. Augmentative and Alternative Communication,2015,31(4):271-284.

④ 齐红. 辅助沟通系统训练对无口语智障儿童沟通能力的影响研究[D]. 西南大学,2018:67.

因为他们能够长期接触到被试,满足支持智障学生长期训练的条件。但目前缺乏统一的 SGD 干预者培训机制,难以保障以上社交伙伴能够正确掌握 SGD 的干预方法、操作 SGD、选择沟通内容。因此,我国应加快组建专家团队,探究符合我国实际情况的智障学生家长、教师及其他沟通伙伴培训程序,教授他们关于 SGD 干预的基本知识和技能,有效地利用人力资源,让智障学生的 SGD 干预与训练能够延续较长时间,以便提升和巩固智障学生的沟通能力。在实施过程中,也应有专业人员进行跟踪与监控,保证干预实施的忠实度,确保干预过程的科学和有效。

五、树立科学研究意识,解读 **SGD** 应用效果和争议

虽然大量的实证研究证明了 SGD 在智障学生沟通技能干预中的显著效果,但其本身存在一定的争议,研究者要辩证地看待 SGD 的干预成效。第一,虽然 SGD 能够辅助智障学生与他人进行沟通,但正因为如此,SGD 的使用可能会妨碍智障学生自然语言的发展,同时也可能导致智障学生过度依赖辅助沟通工具,从而失去在真实自然情境互动的机会。这一点在以往的 AAC 研究中已有体现:部分 AAC 对语言障碍人士的语言表达能力的提高并没有直接、明显的作用。更值得注意的是,部分研究中,在接受 PECS 干预的情况下,被试语言表达能力的提高比接受 SGD 干预更明显,这一结果更加凸显出了进一步研究和比较不同 AAC 技术干预效果的必要性[①]。第二,还有研究者指出,目前国内外的相关研究多利用强化物引导被试进行训练与干预,这是相对被动的过程,而被试最终能否在自然情景中适时、主动、恰当地使用 SGD 表达需要,还缺少直接的追踪研究。因此,智障学生在 SGD 干预后沟通交流的主动性和自发性,以及干预的迁移效果,有待进一步确认。第三,关于具体哪一款 SGD 软件及干预对不同语言障碍程度的智障学生语言能力的干预效果最好,学界并没有一致的结论。研究者们应在我国的文化背景下对各类 SGD 及干预策略对就业转衔服务中智障学生的语言发展作用进行进一步的探讨,并

---

① 冯雅静,胡晓毅. 国外扩大替代性沟通系统对自闭症儿童需求表达技能干预的研究综述[J]. 中国特殊教育,2014(06):31-40.

开展考察干预效果的社会效度的实证研究。综上,鉴于SGD本身可能存在的限制和争议,加上已有实证研究中被试量较少,在具体操作、干预效果方面并不一致等问题,我国研究者应对SGD树立正确、客观的认识,在使用时谨慎选择,并进行系统的评估,充分考虑智障学生的特点与需求,辅以适当的干预策略,加快对SGD干预效果的研究,不断明确基于我国文化背景下,SGD干预就业转衔服务中的智障学生语言能力的效果。

主要参考文献

[1] 陈静,王庭照.近十年来iPad在自闭症儿童干预中的应用研究[J].现代特殊教育,2019(8):45-52.

[2] 冯雅静,胡晓毅.国外扩大替代性沟通系统对自闭症儿童需求表达技能干预的研究综述[J].中国特殊教育,2014(06):31-40.

[3] 齐红.辅助沟通系统训练对无口语智力障碍儿童沟通能力的影响研究[D].西南大学,2018:66.

[4] Anderson K L, Balandin S, Stancliffe R J. "It's got to be more than that". Parents and speech-language pathologists discuss training content for families with a new speech generating device[J]. Disability and Rehabilitation:Assistive Technology,2014,11(5):375-384.

[5] Achmand D, van der Meer L, Sigafoos J, et al. Undergraduates' perceptions of three augmentative and alternative communication modes[J]. Developmental Neurorehabilitation,2015,18(1),22-25.

[6] Boyd T K, Barnett J E, More C M. Evaluating iPad technology for enhancing communication skills of children with autism spectrum disorders[J]. Intervention in School and Clinic,2015,51(1):19-27.

[7] Ganz J B, Rispoli M, Mason R A, et al. Moderation of effects of AAC based on setting and types of aided AAC on outcome variables:An aggregate study of single-case research with individuals with ASD[J].

Developmental Neurorehabilitation,2014,17(3):184-192.

[8] Howery K. When my voice is not my voice:Speaking through a speech generating device[J]. Phenomenology & Practice,2018,12(1):4-17.

[9] Kagohara D M,van der Meer L,Ramdoss S,et al. Using iPods(®) and iPads (®) in teaching programs for individuals with developmental disabilities:a systematic review [J]. Research in Developmental Disabilities,2013,34(1):147-156.

[10] Lancioni G E,Singh N N,O'Reilly M F,et al. A speech generating device for persons with intellectual and sensory-motor disabilities[J]. Journal of Developmental and Physical Disabilities,2016,28:85-98.

[11] Meder A M,Wegner J R. iPads,mobile technologies,and communication applications:A survey of family wants,needs,and preferences [J]. Augmentative and Alternative Communication,2015,31(1):27-36.

[12] Ricci C,Miglino O,Alberti G,et al. Speech generating technology to support request responses of persons with intellectual and multiple disabilities [J]. International Journal of Developmental Disabilities, 2017,63(4):238-245.

[13] Senner J E,Baud M R. The Use of an Eight-Step Instructional Model to Train School Staff in Partner-Augmented Input [J]. Communication Disorders Quarterly,2016,38(2):89-95.

[14] Tegler H, Pless M, Johansson M B, et al. Speech and language pathologists'perceptions and practises of communication partner training to support children's communication with high-tech speech generating devices[J]. Disability and Rehabilitation:Assistive Technology,2019, 14(6):581-589.

[15] Van der Meer L, Achmadi D, Cooijmans M, et al. An iPad-based intervention for teaching picture and word matching to a student with ASD and severe communication impairment [J]. Journal of Developmental and Physical Disabilities,2015,27:67-78.